Barbara Brühwiler

Boerewors und Chardonnay

Ein Jahr in Südafrika

Roman

4. Auflage 2015

Die Erstausgabe im Hardcover ist erschienen
im Wiesenburg Verlag, Schweinfurt

www.ein-jahr-in-suedafrika.com

Titelbild: &Beyond Ngala Private Game Reserve

Herstellung und Druck:
siehe Angaben auf der letzten Seite

ISBN: 978-1514238622

für Marcel, Elisa und Anika

1

Ankunft in Johannesburg. Nach einer Nacht im Flugzeug fühle ich mich zerknittert, zusammengestaucht und muss mir dringend die Zähne putzen. Würde ich zumindest, wenn ich nicht Besseres zu tun hätte, wie zum Beispiel in unendlich langen Warteschlangen vor der Passkontrolle zu stehen. Später werde ich herausfinden, dass sich die Zöllner nicht in einem Bummelstreik befinden, sondern dass ich einfach in Afrika gelandet bin, und dass Afrika gerade einen schlechten Tag hat.

Die lange Wartedauer an der Passkontrolle stellt sich im Nachhinein als nicht weiter schlimm heraus, weil die Lieferung des Gepäcks sowieso nicht klappt. Es herrscht Chaos im Ankunftsbereich, so genau weiss niemand, wo die Koffer von welchem Flugzeug gerade nicht geliefert werden. Während ich unser Handgepäck bewache und mich zunehmend schwerer auf die Gepäckkarre stütze, wirft sich mein Göttergatte ins Getümmel. Alles deutet darauf hin, dass er sich zumindest einen ausgerenkten Ellbogen holen wird, aber die Situation verlangt Opfer. Zum ersten Mal erlebe ich die afrikanische Tierwelt: Wenn sich ein Flughafenangestellter nähert, werden Frauen zu zähnefletschenden Hyänen und Männer zu reissenden Leoparden. Das Volk wandert um die Gepäckkreisel wie eine Herde Gnus. Ich stehe und warte, wie ein Termitenhügel.

Viele unverständliche Lautsprecherdurchsagen später taucht Lukas, mein Mann, wieder auf. Er hat mehr Schrammen und Dellen als sein 14-jähriger Koffer, aber egal. Wenigstens können wir jetzt den Flughafen verlassen.

In einem Mietwagen zuckeln wir gemütlich auf der linken Spur in Richtung der sogenannten *northern suburbs*, der nördlichen Wohnquartiere von Johannesburg. Der Himmel ist verhangen und es nieselt. So haben wir uns den afrikanischen Sommer nicht vorgestellt! Die Millionenstadt Johannesburg befindet sich angeblich zu unserer linken Hand, doch wir sehen nicht viel davon. Manchmal tauchen ein paar Häuser auf zwischen den Bäumen und dem afrikanischen Busch. Wenn man den Hinweisschildern glaubt, müssen ganze Stadtteile im Grünen versteckt sein. Als wir die Hinweistafel mit dem Namen „Alexandra" sehen, riskiere ich eine Halswirbelverletzung, um vielleicht einen Blick darauf zu erhaschen. War das nicht auch ein *township*, so ähnlich wie das berühmte - oder wohl besser: berüchtigte - SOWETO?

Am Mittag gewinnen wir einen ersten Eindruck von Dainfern, das vielleicht unser zukünftiger Wohnort wird. Man sieht nicht viel, es regnet immer noch. Ein Dorf, auf zwei Hügeln gelegen, in der Mitte ein Golfplatz, ein Fluss mäandert gemächlich dadurch. Es ist eingezäunt und nur durch zwei bewachte Tore erreichbar. Das Ganze erinnert ein bisschen an das Dorf von Asterix, nur hat es dort mehr Häuser mit Strohdächern.

So ein eingezäunter und bewachter Ort darf sich in Südafrika *estate* nennen. Bewohner und Besucher unterwerfen sich einem strengen Regelwerk und werden mit maximaler Sicherheit belohnt. Das wollen wir.

„Rund 40% der Bewohner von Dainfern sind Ausländer wie Sie", informiert uns Annette, die Maklerin, eine halbe Stunde später. Da sitzen wir schon auf dem Rücksitz ihres Mercedes und bewundern die prächtigen Gärten. Die Gärtner scheinen eine Maniküre-Ausbildung hinter sich zu haben. Die Gräser sehen aus, als wären sie akkurat mit dem Nagelknipser gekürzt worden, und die Rasenkanten müssen mit der Nagelfeile perfekt gerade getrimmt worden sein. In den makellosen Gärten stehen stattliche Einfamilienhäuser, und einige davon dürfen wir jetzt besichtigen.

Estatesiedlungen sind momentan in Mode in Südafrika, doch Dainfern ist schon ein älterer Estate. Man kann darin bestens die südafrikanischen Architekturtrends der letzten 15 Jahre studieren: „modern", Zementbauten mit gewagten, überflüssigen Bögen und Spitzen, die dem mit Feng Shui vertrauten Beobachter Hühnerhaut verursachen; „viktorianisches England", gebaut aus unverputzten Ziegelsteinen und mit vielen Rosen und Ziermäuerchen im Garten; „Toscana", mit

Mittelmeerflair, verspielten Säulen und roten Ziegeldächern; „Bali“ mit turmhohen Eingangspforten und dunklen Holzbalken, und von Zeit zu Zeit sieht man ein afrikanisch-exotisch-rustikales Haus mit Strohdach und Kakteen.

Alle Häuser haben ein Schwimmbad im Garten, was mir aufgrund unserer - zugegeben kurzen - Erfahrung etwas suspekt vorkommt: Wird es hier wirklich einmal warm und trocken genug zum Baden? Oder dienen die Pools als grosszügige Eiswasserbecken nach der Sauna? Unsere Gastgeber im B&B und auch Anette beteuern uns, dass dieser Dauerregen, den wir seit unserer Ankunft erleben, extrem atypisch ist für den Januar. Oder überhaupt für Johannesburg. Wir wollen ihnen ja gerne glauben.

Annette führt uns unbeirrt durch Dainferns labyrinthartige Strassen zu unserer ersten Station: Eines der ersten Häuser im Estate, mit traumhaftem Ausblick auf den Golfplatz und sehr rustikalem Interieur. Wir erkennen schnell, dass hier andere Regeln gelten als in der Schweiz, wo man möglichst viel Licht ins Haus holen will. Das braucht man hier nicht; die Fenster sind darum wesentlich kleiner. Und die Abwesenheit von IKEA auf dem südafrikanischen Möbelmarkt ist (leider) ebenso offensichtlich: Es herrschen dunkelbraune geschwungene „Stilmöbel“ vor, gerne gepaart mit bunt geblümten und gemusterten Stoffen. Sehr englisch. Ausserdem gehören Lampen in Südafrika zum Haus wie die Haustür, und nur schon deswegen kommt das erste, das wir besichtigt haben, für uns nicht in Frage: Ich hätte Angst, dass sich diese geschwungenen, rustikalen Metallleuchter nachts auf die Jagd machen und uns womöglich im Bett erschlagen würden!

Annette ist die liebenswürdige Unverbindlichkeit in Person; zielstrebig führt sie uns von Haus zu Haus. So eine Haussuche ist unglaublich: Obwohl wir uns ausgesprochen für Häuser interessieren, können wir uns nach einigen Besichtigungen nicht mehr genau erinnern: Hatte das dritte eine Gästetoilette? Und wieviele Garagen?

Abends sind wir todmüde, was sich am ersten Tag aber auch noch dem Flug zurechnen lässt.

Am nächsten Morgen schreiben wir das trübe Licht zuerst den dunkelblauen Vorhängen in unserer Bed&Breakfast-Pension zu, doch es regnet schon wieder. Ist das nun der südafrikanische Sommer? Falls ja, müssten wir unseren Entscheid wohl nochmals überdenken!

Wegen des Wetters ziehe ich Turnschuhe statt Sandalen an, was sich bald als vorteilhaft herausstellt: Der nächste Makler, Ockert, kutschiert uns mit einem dieser afrikanischen Safari-Jeeps herum, an denen hinten eine Leiter befestigt ist. Die Passagiere müssen geländegängig sein, um überhaupt hineinklettern zu können. Ein Bergsteiger-Brevet ist von Vorteil.

Die folgenden Tage verbringen wir in den Autos verschiedener Makler und in rund 30 Häusern, die wir besichtigen. Mittlerweile haben wir Übung im Beurteilen einer Liegenschaft: Die Häuser sind meistens okay. Ausschlaggebend ist der Garten: Wir wünschen uns eine grosse gedeckte Terrasse und eine Wiese, die Platz für ein wenig Fussballspielen bietet. Zu sehen kriegen wir oft Gebäude mit riesigen, hotelähnlichen Vorfahrten - dafür fehlt dann hinter dem Haus der Auslauf. Der Garten besteht praktisch aus dem Swimming Pool, und auch der muss oft aus Platzmangel auf die Ausmasse eines durchschnittlichen mitteleuropäischen Kinderbades beschränkt werden. Unsere Prioritäten sind aber klar: Wir möchten mehr Raum für die Kinder als für die Autos!

Wie verhältnismässig bescheiden die Liegenschaften in den südafrikanischen Estates sind, lernen wir an unserem dritten Abend in Südafrika: Wir sind bei Lukas' Vorgänger eingeladen, dem scheidenden Chef von KehlTech Johannesburg. Er bewohnt mit seiner Familie ein Grundstück mit den Ausmassen eines Boutique-Hotels. Dieses *Resort* - denn anders kann das Haus mit riesigem Swimming Pool, Tennisplatz, himmelhohen Bäumen und Ententeich nicht genannt werden - befindet sich in Bryanston, einer der *northern suburbs* von Johannesburg. In der selben Strasse erspähen wir weitere Villen der selben Klasse, alle hinter hohen Mauern mit Stacheldraht und Alarmanlagen verborgen. Auf Schildern warnt man nicht vor dem Hund, sondern vor *„armed response"*, sinngemäss übersetzt mit: „wir reagieren mit Waffen". Und ein kleineres Schild weist auf die Lebensgefahr beim Berühren des elektrischen Drahts hin. Auf unser wissendes Lächeln von wegen „da besteht doch nicht wirklich Lebensgefahr" ernten wir blankes Unverständnis: Natürlich ist die Stromdosis hoch genug, um einen Menschen auszuschalten! Schluck.

Unsere Gastgeber Carmen und Urs stellen uns nach der Begrüssung ihren Kindern und ihrer *maid* vor. Das ist in Südafrika die Hausangestellte, die je nach Wunsch und Bedürfnis Haushälterin, *nanny*, Putzfrau und Mädchen-für-alles in sich vereint.

Dann kommen wir in den Genuss einer Hausführung, die nur wirklich fitte Menschen bewältigen können, denn sie umfasst mehrere Kilometer Treppen steigen und circa eine Marathonlänge an Gängen und Repräsentationsräumen. Nach dem Billardzimmer erreichen wir die Bar und kommen dort zur allgemeinen Erleichterung zu einem Halt.

Mit einem Glas südafrikanischen Weisswein in der Hand werden wir auf eine der Terrassen komplimentiert und versinken dort gemütlich in den Polstern eines Sofas. Der afrikanische Himmel bietet eine tolle Sonnenuntergangs-Show, da es gerade mal für fünf Minuten nicht regnet. Urs und Carmen sind beide Schweizer, etwas älter als wir, und nach langen Jahren in Südafrika ziehen sie nun in die alte Heimat zurück. Sie erzählen von ihren Erfahrungen in Südafrika, vom Job, von den Schulen, und ich fühle mich gemütlich-schläfrig nach einem langen Tag auf Haussuche. Ich lehne mich zurück und höre einfach zu, ehrlich gesagt manchmal auch nicht.

Lange dauert meine Auszeit aber nicht, denn Carmen hat noch Pläne für mich: „Unsere Maid braucht einen Job, wenn wir bald Südafrika verlassen. Sie arbeitet seit zehn Jahren bei uns und ist super. Möchtet Ihr sie übernehmen? Möchtest Du gleich ein Vorstellungsgespräch mit ihr führen?"

„Ja, nein, äh, natürlich ja. Also wir möchten schon eine Maid", stottere ich, abrupt aus meinem Dösen aufgeschreckt, und wende mich hilfesuchend an meinen Mann. In meinem Halbschlaf kann ich keinen klaren Gedanken fassen: „Was fragt man denn so eine Maid? Worauf muss ich denn achten? Ich habe doch noch nie eine Hausangestellte gehabt! Und Du musst unbedingt beim Gespräch dabei sein!" Dies natürlich an die Adresse meines Göttergatten. Soll er nur wagen, mich in dieser schweren Minute allein zu lassen!

Clara entpuppt sich als erfahrene Maid, welche die Sache in die Hand nimmt und uns unerfahrene potentielle Arbeitgeber durch das Gespräch lotst. Wir einigen uns rasch und haben am Ende das Gefühl, eine wahre Perle gefunden zu haben. Ich kann es kaum erwarten, mein neues Leben anzutreten - ich meine, hey, eine Haushälterin!

Bald darauf verlassen wir alle zusammen das Anwesen durch ein elektrisch angetriebenes rollendes Tor. Nun sind die Nachbarsvillen nicht mehr erkennbar, denn es ist stockfinster. Keine einzige Strassenlaterne, kein Licht brennt! Wir bewundern dafür die Milchstrasse, die man in der Finsternis problemlos ohne Teleskop erkennen kann.

Das Restaurant, das Carmen und Urs für das gemeinsame Nachtessen ausgesucht haben, soll uns auf Johannesburg einstimmen: Im Innenhof der *shopping mall* Melrose Arch gelegen, pflegt das „Moyo" einen edel-afrikanischen Stil. Die Angestellten tragen exotisches Tuch und Malereien im Gesicht, und die Speisekarte führt Gerichte des ganzen Kontinentes auf. Ich entscheide mich für Bobotije, einen warm gewürzten Hackfleisch-Auflauf aus der kap-malayischen Küche.

Dann machen wir die Bekanntschaft von zwei wunderschönen afrikanischen Prinzessinnen, soweit sich das aus ihren Kleidern und ihrem Schmuck schliessen lässt. Sie nähern sich wie die Könige aus dem Morgenland, allerdings entpuppen sich die vermeintlichen Geschenke als Wasserkrug und Schüssel, mittels denen wir uns die Hände waschen können.

Ohne Lukas' oder mein Zutun wendet sich das Gespräch an unserem Tisch unserem geplanten Wohnort zu.

„Hört mal, Ihr wollt doch nicht im Ernst in Dainfern wohnen? Dort residiert die chinesische Mafia!"

„Und die haben ein Fliegenproblem!"

"Und dort wohnen Spinner, die den Estate überhaupt nie verlassen!"

Höflich, aber überzeugend müssen wir nun glaubhaft machen, dass wir weniger Angst davor haben, von chinesischen Fliegen verspeist zu werden, als in stockdunkler Nacht von einem schwarz gekleideten Räuber am Haustor überfallen zu werden.

Wir scheinen nicht sehr überzeugend zu sein, doch vielleicht sind die Meinungen auch einfach bereits gefestigt. Carmen war schon einmal in Dainfern an einem Kindergeburtstag, Urs noch nie. Zum Glück erlöst uns das Essen. Wir nutzen die Gelegenheit, um enthusiastisch Fragen über die afrikanische Küche zu stellen.

Annette, die Maklerin, führt uns am nächsten Nachmittag zu einer Kinderkrippe, die im Estate liegt und offenbar vor nur zwei Wochen ihre Pforten geöffnet hat. Auf unser mehrmaliges besorgtes Nachfragen wird uns versichert, dass sie Plätze für unsere beiden Jungs hat. Glücklich leisten wir unsere Anzahlung - Wir haben bereits eine Maid, und jetzt sogar noch Krippenplätze für unsere Jungs, Mission schon fast erfüllt!

Unsere letzte Aufgabe, ein Haus zu mieten, erledigt sich am nächsten Morgen. Nach langen Diskussionen und nervtötendem Abwägen haben wir uns für ein Haus im toskanischen Stil entschieden. Der Mietvertrag wird gleich unterschrieben, und so haben wir vor unserem Rückflug noch ein paar Stunden, um dem *shopping* zu frönen.

Natürlich ist Einkaufen mit Lukas nicht das, was es sonst für mich ist. An diesem Tag zum Beispiel verbringen wir endlose Stunden vor Weingestellen und mit der Nase in einem Weinführer, weil wir für unsere Abschiedsparty südafrikanischen Wein heimbringen wollen und sich Lukas einfach nicht entscheiden kann. Ich mache mir nicht viel aus Alkohol, nur ab und zu geniesse ich ein Glas Weisswein. Den suche ich der Einfachheit halber nach der Attraktivität des Etiketts aus. Mein Favorit ist eine Flasche mit einer Art modern gestalteter Giraffe drauf. Für Lukas ist das aber leider kein Kriterium; seine Auswahl dauert ewig. In jeder Damenabteilung im Kaufhaus gibt es bequeme Sessel für müde Ehemänner, aber natürlich denkt beim Weinkauf keiner an die gelangweilte Ehefrau und deren geplagte Füsse!

Zum Glück weiss ich da noch nicht, was ein paar Stunden später kommen wird, dass ich nämlich besagte Weinflaschen durch den ganzen Flughafen werde schleppen müssen! Nach dieser Plackerei fühlt sich der nächtliche Heimflug sogar in der Touristen-Klasse wie ein Spa-Aufenthalt an.

*

Wir freuen uns auf unseren Umzug nach Südafrika. Vor ein paar Monaten war uns zwar nicht klar, ob wir das auch wirklich wollen. Schliesslich war der Vorschlag ziemlich überraschend gekommen, zumindest für mich.

Eines Abends kam mein Mann nach Hause, lehnte sich an den Kühlschrank, statt mir meinen wohlverdienten Kuss zu geben, und sagte leise:

„Johannesburg".

„Johannesburg?"

Lukas' ausdrucksloses Gesicht und seine ungewohnte Theatralik verwirrten mich so sehr, dass ich das Wort mechanisch nachsprach und eigentlich gar nicht darauf achtete.

„Johannesburg".

Ich war dabei, Pilze und Zwiebeln zu dämpfen, Brot zu toasten und unseren älteren Sohn davon abzuhalten, sein Glas zu überfüllen - typisches weibliches Multitasking eben. Zudem benahm sich mein Göttergatte äusserst seltsam. Da ist es sicher verständlich, dass ich nicht sogleich begriff, worum es ging.

„Jaa, Johannesburg. Dort soll ich hin. Also wir."

Dies waren die Art und der Moment, wie mir der Vorschlag gemacht wurde, unser Leben komplett zu verändern.

Eigentlich waren wir bis anhin mit unserem Leben in der Schweiz sehr zufrieden. Mein Mann Lukas ist Betriebswirt. Die Firma, für die er arbeitet, heisst KehlTech und produziert industrielle Anlagen, was meinem Mann imponiert. Lukas findet es aufregend, Baustellen und lärmende Fabriken zu besuchen, insbesondere wenn sie in einem anderen Erdteil liegen. Kurz nach dem Studium arbeitete er ein paar Jahre für eine grosse internationale Industriefirma in Asien, was erstaunlich ist, wenn man weiss, dass er nicht gerne

Reis isst. In dieser Zeit entstand seine Theorie, dass man in einem schlecht entwickelten Land nur in einem vielsternigen Hotel absteigen kann, um exotische Krankheiten zu vermeiden. Das hat für mich den positiven Nebeneffekt, dass ich ein paar wirklich schöne Hotels in verschiedenen Erdteilen kennen gelernt habe. Allerdings hat es auch den negativen Nebeneffekt, dass Urlaub ein nennenswerter Kostenfaktor in unserem Budget ist.

Lukas ist aber auch geschäftlich oft auf Reisen, worum ich ihn immer ein wenig - na gut, ziemlich stark - beneide. Wir beide interessieren uns sehr für die grosse weite Welt, nur dass er diesem Interesse weit ausgiebiger nachgehen kann als ich. Darum muss er seine Reisen auch immer ein wenig runterspielen. Wenn ich ihn mit grossen Augen anschaue und hauche: „Wow, Abidjan!“ Dann verlangt es unser Protokoll, dass er entgegnet: „Sandra!“ (Das bin ich.) Pause. „Ein achtstündiger Flug, Malaria-infizierte Killermücken, und eine Klimaanlage vom Typ *„Super Quiet“*, bei der Du wegen dem Lärm kein Auge zumachen kannst. Die reinste Folter!“

Mein Arbeitsplatz bietet zwar von aussen gesehen *glamour*, aber von innen sieht das ganz anders aus. Ich arbeite im Private Banking bei einer Schweizer Grossbank. Unsere Kunden sind die privilegierten Menschen auf diesem Planeten, die mehr als eine Million Schweizerfranken bei uns anlegen können.

Das tönt nach *celebrities*, exklusiven Anlässen, geräuschdämpfenden dicken Teppichen und so, und das ist es auch - für die Kunden. Nicht aber für uns Bankangestellte. Unsere Büros, zum Beispiel, gleichen in keiner Weise den stilvoll-eleganten Empfangsräumen für die Kunden. Wir huschen durch dunkle Gänge mit dunkelbrauner Holztäferung und beigem Teppich, und arbeiten in Büros, die im Sommer einer *Omelette Surprise* gleichen, diesem französischen Dessert, bei dem Eis mit geschlagenem Eischnee überba-cken wird. Unten eiskalt, oben heiss. Was daran liegt, dass wir eine sogenannte Kühldecke haben, die zu kalt eingestellt ist. Die Kälte sinkt zu Boden und führt zu Frostbeulen an den Zehen, während das Haupt in sommerlicher Hitze bäckt.

Meine Arbeit besteht darin, dass ich einen Kundenberater für die Private Banking Kunden unterstütze. Ich erledige Börsenaufträge, verschicke Informationen, besorge den administrativen Teil einer Kundeneröffnung, und in einem Fall habe ich schon einmal ein Kilo Gold während zwei Wochen im Schrank gehütet, weil sich unser Kunde nicht entscheiden konnte, ob er sich interessanter macht, indem er einen Goldbarren oder aber ein Schmuckstück verschenkt. Leider weiss ich nicht, ob er die angebetete Dame damit auch wirklich erobert hat.

Es scheint, dass reiche Leute manchmal einen recht merkwürdigen Geschmack entwickeln. Das kann man aus den einschlägigen Zeitschriften sehen, aber es lässt sich auch ganz leicht in einer Feldstudie erleben. Mein Arbeitsweg zum Beispiel hat mich tagtäglich bei der Chanel-Boutique an der Zürcher Bahnhofstrasse vorbeigeführt. Durch mein regelmässiges Schaufenster-Shopping war ich also bestens über die jeweils aktuelle Chanel-Kollektion informiert.

Einmal habe ich mir sogar ein Stück ganz aus der Nähe angeguckt, ein scheinbar mottenzerfressener orangefarbener zotteliger Kunstpelz, der zur Sportkollektion gehörte. Trotz intensivem Grübeln konnte ich nicht herausfinden, welchen Sport man darin ausüben sollte. Sicher etwas wie Tennis, wo man einen Gegner hat, und der nach dem ersten Satz lieber das Handtuch wirft, als einen bleibenden Schaden an seinen Augen zu riskieren. Na ja, jedenfalls bin ich nicht ein einziges Mal vor dem Schaufenster stehen geblieben, weil ich mich unsterblich in eines der ausgestellten Stücke verliebt hätte! Angesichts der astronomischen Preise ist das doch eigentlich toll, oder?

Momentan setze ich meine Arbeitskraft aber nicht für die verwöhnten Bankkunden ein, sondern für unsere beiden Söhne. Ich bin im Mutterschaftsurlaub wegen unserem kleinen Max. Kein Über-, sondern der Tauf-Name unseres winzigkleinen Sohnes, neben dem es auch noch einen grösseren Bruder gibt, der aber nicht Moritz heisst. Sondern Tim. Habe ich schon erwähnt, dass wir grundsolide sind?

Tim ist ein quirliger bald dreijähriger Knirps, der mit Begeisterung und grossem Karacho auf seinem Bobby-Car den Hügel herunterbraust und Bilderbücher verschlingt. Eine befreundete Psychologin hat mir kürzlich erklärt, dass Jungs im Allgemeinen zu wenig lesen. In unserem Haus ist das sicher nicht der Fall. Tim nimmt seine Bücher sogar mit ins Bett.

Dieses benützt er für unseren Geschmack übrigens viel zu wenig, er kommt mit sehr wenig Schlaf aus. Wir haben schon alles probiert und schliesslich kapitulieren müssen: Obwohl er morgens vor sieben Uhr aufsteht, geht unser Sohn abends sicher nicht vor neun Uhr ins Bett, meistens sogar später. Lukas leidet dann still vor dem Fernseher, weil er sich eigentlich einen Action-Film reinziehen möchte, sich aber verantwortungsbewusst Tierfilme anguckt. Dort sind die Verfolgungsjagden zwar wesentlich weniger spannend, aber wir laufen nicht Gefahr, dass unser Dreijähriger einen

Schaden fürs Leben nimmt, wenn er zwischendurch mal einen Blick auf den Fernseher wirft.

Max scheint in dieser Beziehung zum Glück ein paar andere Gene geerbt zu haben: Er schläft sehr viel, und weil er ein äusserst zufriedenes Baby ist, lassen wir ihn ziemlich oft in der Rolle des Beobachters. Das scheint ihm aber nichts auszumachen - nun gut, er kennt es auch nicht anders. Der allererste Tag mit Baby Max zu Hause war ganz schön komisch: Lukas nahm extra einen Ferientag, damit wir uns die Bürde der zwei Jungs teilen konnten. Und dann schlief das neue Familienmitglied die ganze Zeit und wachte nur kurz für die „Fütterungen" auf! Die auf die grosse Kinderbetreuung vorbereiteten Eltern waren somit leicht unterbeschäftigt. Natürlich ist Max das süsseste Baby der Welt seit Tim! Und das problemloseste noch dazu.

So ist mein Mutterschaftsurlaub ein bisschen das, was auf dem Etikett steht: Ein Urlaub.

Normalerweise erledige ich unseren Einkauf immer im gestreckten Galopp und mit minuziös geschriebenem Einkaufszettel. Doch in meinem Mutterschaftsurlaub nehme ich es gemütlich, spaziere auch mal mit dem Kinderwagen durch unser Städtchen und besuche das lokale Feinkost-Geschäft. Neben den interessanten Spezialitäten hat dieses Geschäft die grosse Attraktion, dass man von jungen Italienern beim Obst- und Gemüsestand bedient wird. Sie haben die Aufgabe, einem ein paar besonders glänzende Äpfel zu präsentieren und zu fragen: „Ist das recht für Sie?" Bei älteren Damen mit dicken Perlenketten hängen sie noch „gnädige Frau" an, aber so weit bin ich noch nicht. Wahrscheinlich tun sie das auch für einige internationale Berühmtheiten, die ebenfalls in unserem Städtchen wohnen. Sie sollen angeblich in diesem Feinkost-

Geschäft einkaufen, aber zu meiner Enttäuschung habe ich dort noch nie jemand Berühmten angetroffen.

Eigentlich ist es nicht so überraschend, dass sich Prominente und Begüterte ausgerechnet hier niederlassen: Unsere Stadt ist ein Vorort von Zürich, und diese Stadt hat ja punkto Lebensqualität schon die Rangliste diverser internationaler Studien angeführt. Bei uns in Küsnacht gibt es alles, was dieser Teil der Welt zu bieten hat: Abendsonne, Seeanstoss, Nähe zu Zürich, gute Einkaufsmöglichkeiten, solide Mitbürger und sogar zwei Bahnhöfe. Und, was wahrscheinlich für die Begüterten den grössten Reiz ausmacht, einen der tiefsten Steuersätze für Privatpersonen in der Schweiz.

Bekanntlich hat die Schweiz eine sehr hohe Lebensqualität, doch Lukas und ich hatten immer ein bisschen Fernweh. Eigentlich wollten wir schon seit längerem gerne irgendwo im Ausland wohnen und arbeiten. Es hat sich aber als schwierig herausgestellt, zur selben Zeit am selben Ort zwei gute Arbeitsstellen zu finden. Da sind wir halt vorerst in der Schweiz geblieben und haben das Beste daraus gemacht, sprich Kinder bekommen, ein Haus gekauft und dazu gratis sehr nette Nachbarn erhalten.

Und nun die Berufung nach Johannesburg! Eine grosse Stadt in Afrika, von allen Kontinenten dieser Welt ausgerechnet dieser! Die Welthauptstadt des Verbrechens! Eine Stadt in einem Land mit, gelinde gesagt, obskurer politischer Vergangenheit! Sollen wir unser Leben hier wirklich aufgeben, unsere Familie und Freunde und netten Nachbarn und Arbeitskollegen hier zurücklassen und auf einem fremden Kontinent ein neues Leben beginnen? Auch wenn es nur vorübergehend ist? Und wird es denn wirklich nur vorübergehend sein?

Wir gehen die Sache systematisch an und erstellen eine Liste.

Was für Südafrika spricht:

1. Lukas interessiert sich für die angebotene Arbeitsstelle.
2. Wir träumen schon lange vom Leben in einem anderen Land.
3. Südafrika bietet Exotik, aber gepaart mit sehr guter Infrastruktur.
4. Wir könnten uns eine Haushaltshilfe leisten.
5. Johannesburg hat gute Verbindungen zur Schweiz, insbesondere einen bequemen direkten Nachtflug und keine Zeitverschiebung.

Was gegen Südafrika spricht:

1. Unsere Söhne würden verpflanzt.
2. Unsere Familie und Freunde leben circa 8'500 km von Johannesburg entfernt.
3. Unser Leben in der Schweiz gefällt uns sehr gut.
4. Ich würde wahrscheinlich nicht mehr ausser Haus arbeiten.
5. Das ganze Projekt ist sehr aufwändig.

Schon nach kurzer Zeit haben wir die Gegenargumente gründlich zerpflückt:

Die Jungs sind ja in einem sehr, sehr flexiblen Alter. Für Max wird in den nächsten Monaten sicher der schlimmste Schock kommen, wenn er wegen akuter Sturzgefahr nicht mehr seine Tage und Nächte im Stubenwagen verbringen kann. Da muss er sowieso durch, auch wenn wir in der Schweiz bleiben.

Unsere Familie und die Freunde können uns ja besuchen. So sehen wir sie wahrscheinlich sogar noch öfter als in der Schweiz; bei einem so spannenden Land lassen sie sich diese Gelegenheit sicher nicht entgehen!

Unser Leben in Johannesburg können wir uns neu einrichten, also wird uns das sicher auch gefallen. Wir sind ja sehr privilegierte Auswanderer, mit einem Job, der wartet, den Sozialversicherungen einer Schweizer Firma und einem Lohn, der uns in Südafrika ein bequemes Leben ermöglicht. Zudem haben wir die angenehme Perspektive, irgendwann in unser schönes Leben in der Schweiz zurückzukehren. Und Schweizer Schokolade soll es auch in Johannesburg geben.

Mein Job - diese Frage müssen wir im Moment auf Eis legen. Meine Bank hat zwar in Johannesburg ein Büro, doch nur ein sehr kleines mit rund fünf Mitarbeitern. Keine Ahnung, ob die mich brauchen könnten. Keine Ahnung, ob ich eine Arbeitsbewilligung erhalten würde. Und keine Ahnung, ob ich in Südafrika überhaupt arbeiten möchte. Mein Mann, der erfahrene Auslandaufenthalter, weist darauf hin, dass das Leben im Ausland oft komplizierter und aufwändiger ist.

Und das mit dem Aufwand: Also dieses Argument haben wir eigentlich nur aufgeführt, weil die Liste der Gegenargumente sonst so dürftig gewesen wäre. Wir wollten der Option „Schweiz" eine faire Chance geben.

Tja, wie sich zeigt, leiden die Gegenargumente an akuter Magersucht und wiegen schon fast gar nichts mehr. Wenn man noch die sonnigen Tage und die wilden Tiere in Afrika in die Waagschale wirft, dann ist die Sache klar: Südafrika, wir kommen!

2

Alle Zutaten für eine filmreife Szene sind zur Hand: Ein liebender Ehemann mit Rosen für seine Frau; eine liebende Ehefrau, die fünf Wochen von ihrem Ehemann getrennt war; ein kleiner Junge, der seinen Papa endlich wieder hat; ein süsses Baby, das mit grossen Augen in die Welt schaut; sogar ein einigermassen exotischer Schauplatz, der Flughafen von Johannesburg. Und trotzdem haben es die Regisseure des normalen Lebens nicht geschafft, daraus eine jener Hollywood-typischen, herzrührenden Szenen zu zaubern, die den Zuschauer das Taschentuch zücken lassen.

Wären wir in einem Film mit Jennifer Aniston, dann hätten Ehemann und Ehefrau alle Zeit der Welt, um sich tief in die Augen zu schauen und sich nicht mehr loszulassen. Wobei man sich fragen kann, wie sich in der Zwischenzeit die Kinder verhalten, und weshalb die Gepäckkarre nicht innerhalb von Nullkommanix geklaut wird, wenn deren Besitzer so offensichtlich nichts ausser sich selbst wahrnehmen. Aber vielleicht bin ich da einfach zu sehr kopflastig. Mein Göttergatte schaut sich ja auch keinen James Bond-Film mit mir an. Er meint, ich verderbe ihm den ganzen Spass, wenn ich dauernd den Kopf schüttle und Kommentare abgebe wie „Unrealistisch!" „Wie soll denn das gehen?" „Weshalb braucht man ein Kaminfeuer am Strand von Kuba?".

In der ganz realen Welt am Flughafen von Johannesburg ist es so dass Tim seinen Papa komplett in Beschlag nimmt, sobald er ihn im Ankunftsbereich erspäht. Und Max seine Mama, denn seit unserer Ankunft auf südafrikanischem Boden besteht er darauf, dass er unser neues Leben nur auf meinem Arm in Angriff nehmen kann. Nur gut, dass die Südafrikaner und insbesondere die Johannesburger so kinderfreundlich sind: Eine Flughafenangestellte hat mich, die allein reisende Mutter mit zwei Kleinkindern, schon seit der Flugzeugtreppe unter ihre Fittiche genommen.

Mit ihrer Hilfe sind wir an den Warteschlangen vorbei durch Passkontrolle und Zoll gesegelt, und nun schiebt sie auch unsere Gepäckkarre. Lukas dirigiert sie durch die Traube der Menschen, die auf jemanden warten, in Richtung Parkhaus. Ich stolpere hinterher, kann es noch fast nicht fassen: Wir sind in Südafrika gelandet. Als Einwanderer. Und es fühlt sich so *normal* an.

Die nächsten zwei Wochen, bis der Container mit unseren Möbeln und anderen Habseligkeiten geliefert wird, verbringen wir in einer kleinen Wohnung in einer Bed&Breakfast Pension. Diese Pensionen gibt es in Südafrika zu Tausenden, wenn nicht sogar zu Hunderttausenden. Es ist hier keineswegs ungewöhnlich, dass ein Ehepaar zwei Zimmer auf seinem Grundstück oder sogar in seinem Haus an Gäste vermietet. Die dürfen es sich dann im Esszimmer und manchmal sogar im Wohnzimmer bequem machen und den Pool mitbenützen. In unserem Fall ist es jedoch ein grösseres B&B mit kleinen Häuschen, in denen die Zimmer sind, eigentlich ein Hotel. Auf dem Gelände streichen rund acht Hunde herum, die zwar zu den Gästen sehr freundlich sind, aber doch sicher die Aufgabe haben, ungebetene Eindringlinge zu verscheuchen. Keine Ahnung, wie sie die einen von den anderen unterscheiden, aber angeblich sind Hunde ja sehr intelligent.

Endlich in Südafrika angekommen, fühlt es sich nun an, als hätten wir auf der Autobahn einen Vollstopp gerissen. In den letzten Wochen war ich immer ausgebucht gewesen. Aber nachdem ich in unserer kleinen B&B-Wohnung die Koffer ausgepackt und unsere beschränkten Habseligkeiten möglichst praktisch verstaut habe, gibt es vorerst keine weiteren Aufgaben.

Ausser die wilden Tiere zu besuchen.

Der „Lion Park“ von Johannesburg liegt praktisch gleich um die Ecke. Also nichts wie hin. Man kann dort nicht nur - wie es der Name vermuten liesse - Löwen beobachten, sondern auch eine ganze Anzahl anderer afrikanischer Tiere.

In unserem Mietauto fahren wir erst die Safari-Strecke ab und bewundern Zebras, Gnus und Strausse. Dann besuchen wir die Löwen in ihren vier kleeblattartig angeordneten Gehegen. Die hiesigen Löwen sind genau, wie sie gemäss Lehrbuch sein sollen: faul. So ein König der Tiere frisst sich ja in freier Wildbahn nur ein bis zweimal pro Woche satt, sofern die Jagd erfolgreich war, und sobald sein Bauch genügend voll ist, legt er sich hin. Und ruht sich ein paar Tage aus.

Wir sind also ganz entzückt, als ein junger Löwe voller Tatendrang beschliesst, sich die Welt mal von oben anzuschauen und auf einen Baum zu klettern. Wie fotogen! Es stauen sich die Autos, und trotz ausdrücklichen Warnungen werden Autoscheiben heruntergedreht, um ja nichts zu verpassen. Nach einigen Minuten können wir jedoch beobachten, wie die Autoscheiben beim Auto vor uns mit hektischer Eile wieder hochgefahren werden, denn ein Löwenweibchen schnuppert, kratzt und leckt am Seitenspiegel des Autos.

Soweit ich sehen kann, entstehen aufgeregte Diskussionen im Wagen, doch der Aktionsradius der Angegriffenen ist klein, sie sind in der Autokolonne eingeschlossen. Von da an beäugen wir misstrauisch jede Bewegung des Löwen-Rudels, in der Hoffnung, dass unser Auto nicht ähnlich malträtiert wird. Zur Beruhigung versichern wir uns gegenseitig, dass wir in einem

Mietwagen mit Versicherung sitzen, und im Notfall können wir ja immer noch Tim ärgern. Das anschliessende Gebrüll, in das Max sicher auch einstimmen würde, sollte einen Löwen mit Leichtigkeit in die Flucht schlagen.

Tim benimmt sich schon wie ein kleiner Südafrikaner, als wir auf der Terrasse des Lion Park zu Mittag essen: Er will unbedingt seine Schuhe ausziehen. Seinem Argument, alle anderen würden schliesslich auch barfuss herumlaufen, kann nicht widersprochen werden, weil es stimmt. Sogar im Flughafen haben wir beobachtet, wie zwei Kinder samt Papa barfuss in der Ankunftshalle warteten. Und hier rennen jede Menge blonde Racker mit blossen Füssen herum, unser Sohn passt also prima ins Bild. Das Restaurant ist sehr typisch für Südafrika: Man serviert viel gegrilltes Fleisch und Sandwiches mit Pommes Frites, die hier *chips* genannt werden (was bei uns Pommes Chips heisst, kriegt man hier unter dem Namen *crisps*) und es hat einen Spielplatz. Wie luxuriös!

Seit etwas mehr als drei Jahren, genau: seit Tims Geburt, haben wir kaum mehr in Restaurants gegessen. Nicht etwa weil uns das keinen Spass machen würde, sondern weil es jedes Mal einen grösseren organisatorischen Aufwand erforderte.

In Zürich ist es - gelinde gesagt - schwierig, mit einem Kind ein Restaurant zu besuchen. Zuerst haben wir uns wochenlang Gedanken darüber gemacht, welches Restaurant wir kennen, in dem ein Kinderwagen parkiert werden könnte.

Dann haben wir uns damit abgefunden, dass das Stadtzentrum eine *no-go*-Zone ist, denn dort ist es auch ohne Kinderwagen in der Regel so eng, dass sich nur die Person mit der kleinsten Kleidergrösse zwischen den Tischen durchschlängeln und hinter dem Tisch Platz nehmen kann. Diese Person hat zwar dadurch die beste Aussicht und die Genugtuung, anerkanntermassen einen schmalen Hintern zu haben, sie trägt aber auch das Risiko, dass derselbe beim Hindurchschlängeln von den vollen Spaghetti- oder Salat-Tellern des Nachbartisches einen Fleck abkriegt oder deren Weingläser zu Fall bringt.

Wir entschieden uns also, Restaurant-Besuche zu vertagen bis zum Zeitpunkt an dem Tim sitzen konnte, da der Kinderwagen nirgends an einem Tisch zu parkieren war. Doch auch dann mussten wir enttäuscht feststellen, dass in den Gaststätten kaum Kinderstühle erhältlich sind, insbesondere keine, in denen die Knirpse unter Kontrolle bleiben. Restaurant-Besuche wurden mit der Zeit auch nicht einfacher, weil bei einem schreienden, sich windenden Kleinkind mit Tomatensaucen-Bart und -Händen der „Och wie süüüss!"-Effekt deutlich kleiner ist als bei einem Baby, und so sind wir seufzend Kunden von Take-aways geworden.

Und hier also: Sonne, Restaurant mit Terrasse, Tim auf dem Spielplatz, Max schläft, und unser Essen wird serviert. Plötzlich fühlt es sich ein bisschen wie Urlaub an.

Vielleicht hat ja auch das Essen einen klitzekleinen Anteil an der Urlaubsstimmung, denn dieses erinnert mich qualitativ stark an Touristenfallen am Mittelmeer.

Und wahrscheinlich gibt es auch in einer Imbisstheke am Grand Canyon ähnliche Gerichte.

Nachdem wir gefüttert sind, machen wir uns auf zur Fütterung der Giraffen. Ein Teil des Lion Parks kann zu Fuss erkundet werden, und dort können die Besucher den Tieren ganz nahe kommen. Zum Beispiel kann man einen Holzturm erklimmen und dort oben die Giraffen mit Heukeksen füttern. Was in meiner Familie aber niemand ausser mir wagen will. Tim möchte irgendwie schon, aber dann verlässt ihn der Mut, und er überlässt mir das Futter. Schade für ihn, so verpasst er das Gefühl einer ungewöhnlich rauen, rund 30 Zentimeter langen, dunkellila Zunge, die sich suchend in und um die Hand schlingt. Und er kann die wunderschönen langbewimperten Augen der Giraffen nicht aus der Nähe betrachten. Dabei ist das doch der Reiz an diesem Turm, dass die Besucher einmal das Gesicht einer Giraffe sehen können, anstatt nur von unten in ihre Nasenlöcher und Halsbeugen starren zu müssen.

Tim ist dafür mutig genug, um die kleinen Löwen zu streicheln. Ich knipse eifrig, und eines dieser Fotos wird danach seine Freunde aus der Küsnachter Kinderkrippe nachhaltig beeindrucken. Damit ist ihr Weltbild gefestigt: Wer in Afrika wohnt, ist täglich unterwegs auf Abenteuer mit den wilden Tieren!

Wir halten an einer Ampel, die hier *robot* genannt werden.

„Guck mal, da. Der da, links, der jetzt auf unsere Höhe aufgeholt hat. Siehst Du den?“

„Mhm?“ Ich drehe den Kopf nach links und gucke, und rund 12 Augenpaare schauen zurück.

„Das ist ein Taxi. Zu denen musst Du möglichst viel Abstand halten. Was auch immer die machen: Die haben Vortritt.“

Ich lerne meine erste Lektion im südafrikanischen Strassenverkehr. Auf der linken Strassenseite zu fahren ist ein Klacks im Vergleich zu den Geheimnissen im Umgang mit den südafrikanischen Taxis. Da es in diesem Land keinen nennenswerten öffentlichen Verkehr gibt, benützt der grössere Teil der Bevölkerung Taxis.

Wer dabei an Mercedes Luxuslimousinen mit Lederpolster und Nussbaum-Intarsien denkt, liegt falsch. So falsch, wie man nur kann. Taxis sind Klein-Busse variablen, aber fast immer beträchtlichen Alters, die statt der zugelassenen 12 Passagiere eher deren 16 transportieren und von einem Fahrer ohne Führerausweis navigiert werden. Zu diesem Schluss bin ich gelangt weil sich die Taxi-Fahrer an keine der mir bekannten Strassenregeln halten. Ihre Regel lautet: Platz da, jetzt komme ich! Vor der Ampel quetschen sich die Fahrer links an der Kolonne vorbei, um dann kurz vor grün vor der wartenden Menge loszupreschen. Taxis schaffen es auch, auf den Sandwegen, die neben den asphaltierten Strassen in den ländlicheren Teilen von Johannesburg zu finden sind, wartende Kolonnen zu überholen und sich dann einfach wieder in die Autoschlange hineinzuquetschen. Dies gelingt problemlos, weil die Fahrer aller anderen Autos keinen Kratzer riskieren wollen, während der Taxifahrer sich um seine fahrende Altmetall-Sammlung keine Sorgen machen muss. Ich habe mir sagen lassen, dass man manchmal sogar durch ein Loch im Boden die Fahrstrecke betrachten kann. Ein Gefühl fast wie im Flugzeug mit diesen Boden- und Nasenkameras.

Taxi zu fahren, scheint ein Erlebnis zu sein. An dem ich aber leider nicht teilnehmen kann. Weisse werden in Johannesburger Taxis nicht gesichtet.

Während sich die südafrikanischen Autofahrer ausnahmslos und stundenlang über die Taxis aufregen können, imponiert mir das System. Wenn ein Taxifahrer zweihundert Meter vor einer Ampel von der linken auf die vierte Spur rechts wechselt, weil er dort einen Kunden erspäht hat, und der restliche Verkehr um ihn herumfliesst, so hat das doch eindeutig künstlerische Qualitäten. Ich finde es auch nicht ungerecht, dass die Taxifahrer Boden gut machen, wo sie können, und dass dies auf Kosten von uns „normalen" Fahrern geht. Meiner Meinung nach repräsentieren sie den öffentlichen Verkehr und sollen darum auch ruhig Vorfahrt oder sogar eine eigene Spur haben.

Und dann ist da noch das System, mit dem ein Taxi herbeigewinkt wird: Man muss sich anhand von bestimmten Handbewegungen darüber verständigen, wohin das Taxi fährt. Interessant, nicht? Ich durchblicke den Code nicht und bin zu gehemmt, um zu fragen. Allzu gerne würde ich einmal die Erfahrung machen und ein Taxi benützen, aber das hat mir Lukas strikte verboten. Sogar unsere Maid wird mir, wenn auch sehr diplomatisch, mitteilen, dass es eine schlechte Idee wäre. Schade.

Ein normales Taxi, also eines, wie wir es uns vorstellen, wird hier übrigens *meter-taxi* genannt. Ich glaube, dass ich in einem Jahr Südafrika so circa fünf *meter-taxis* gesehen habe. Im Vergleich dazu: Als wir einmal an einem Feiertag rund 30 Minuten auf der Autobahn in Richtung Stadtzentrum unterwegs waren, überholten uns drei Ferraris. Nun gut, das war dann aber auch nicht wirklich repräsentativ.

Wer also nicht Taxi fahren will, darf oder natürlich muss, der braucht ein Auto. Ohne geht nichts. Die Südafrikaner verbringen viel Zeit in ihrem Wagen und sind daher auch ein bisschen besessen davon. Ich mache mir nicht viel aus Autos, doch sogar ein Banause wie ich muss bemerken, dass es hier von Mercedes und BMWs nur so wimmelt.

Und von Geländewagen. In allen Variationen und Grössen, sozusagen Grösse Einfamilienhaus, Grösse Doppelhaus und Grösse Schulhaus. Autos gelten in Südafrika als Statussymbol, eher noch mehr als in Europa. Deshalb beisst der Südafrikaner auf die Zähne und schafft sich ein teures Gefährt an, auch wenn er es sich kaum leisten kann. Und teuer sind die Autos hier, sogar wesentlich teurer als in der Schweiz, die bekanntlich eine Hochpreisinsel in Mitteleuropa ist.

Aber, wie unsere Maklerin Annette uns schon am ersten Tag erklärte, die teuren Wagen haben neben dem Prestige noch einen grossen Vorteil: Sie behalten ihren Wert, vor allem wenn sich der südafrikanische Rand gegenüber den europäischen Währungen abwertet. Bei einem Wiederverkauf kann sich die Investition also durchaus lohnen.

So argumentieren zumindest die Südafrikaner männlichen Geschlechts, wenn sie ihr Auge auf ein neues Spielzeug geworfen haben.

*

Tim ist der Abschied von seinen Grosseltern und Freunden nicht schwer gefallen. Am Flughafen hat er sich strahlend verabschiedet und nicht begriffen weshalb er traurig sein sollte. Er reiste ja zu seinem Papa, und nach Afrika, das war doch aufregend! Aber nun kommt für ihn die Bewährungsprobe der Reise: Jetzt wird er für ein paar Stunden von seinen Eltern getrennt und muss an einem fremden Ort ausharren, an dem niemand seine Sprache spricht: in der Kinderkrippe.

„Warum bringt Ihr denn die Jungs in die Krippe?" wurden wir in der Schweiz oft gefragt. Bekanntlich planten wir ja, eine Maid anzustellen, da wäre die Betreuung der Kinder doch geregelt! Unsere Erfahrungen mit Tim und seiner Krippe in der Schweiz waren jedoch so gut, dass wir die beiden auch weiterhin in den Hort schicken möchten. Dort können sie mit anderen Kindern spielen, die hiesigen Lieder und Spiele lernen, und natürlich die englische Sprache.

In Bezug auf die Kinderkrippe hatte ich in der Schweiz ein einfaches Leben: Morgens lieferte ich ein gutgelauntes Kind ab, das manchmal nicht einmal genügend Zeit hatte, um sich richtig von seiner Mama zu verabschieden, weil es sofort zu seinen Freunden und Spielsachen flitzen musste. Jetzt ahne ich: So einfach wird es hier nicht.

Und so ist es. Unsere Krippe ist in Dainfern untergebracht, in einem freundlichen Haus mit Strohdach und riesigen Farn-Palmen im Garten. Sie wird schulähnlich geführt, mit fünf altersmässig gestuften Klassen, die von *teachern* geleitet werden. Die Krippenleiterin heisst Glen und ist eine ältere, resolute Dame mit grauen Schäfchen-Locken und bunten Kleidern.

„So, da seid Ihr ja, Ihr zwei! Nein, Ihr seid ja zwei *darlings*!" tönt es uns von Glen entgegen. Max guckt freundlich und thront souverän auf meinem Arm, Tim klammert sich an meine Beine. Ich lächle verkrampft.

Ich führe Tim und Max ein und fülle Formulare zu ihrem Gesundheitsstand und ähnlichem aus. Dann wird mir Max aus dem Arm genommen und Tim von meinen Beinen gelöst, und ich werde freundlich, aber bestimmt aus dem Haus geleitet mit der Bitte, mittags die Jungs wieder abzuholen. Zumindest denke ich, dass es das war, was die Krippenleiterin sagte. Dank dem markerschütternden Geheul meines Sohnes musste ich lippenlesen, was viele Interpretationsfehler zulässt.

Eigentlich hatte ich erwartet, dass ich den ersten Morgen auf Pikett in der Krippe sitzen würde, und so finde ich mich viel zu früh und allein auf dem Parkplatz wieder. In der Krippe läuft noch immer eine Sirene mit der Stimme meines Sohnes, und ich fühle mich ein bisschen wie damals, als der Zahnarzt mir die Weisheitszähne herausoperierte. Die Operation war nötig, weil in meinem Kiefer kein Platz für die Weisheitszähne war und dieselbigen also besser entfernt wurden, bevor sie ihr bequemes Sofa verliessen und sich mit Schultern und Ellbogen einen Platz ausserhalb des Zahnfleisches eroberten und dabei alle anderen Zähne auf die Ersatzbank verbannten. Obwohl das Zahnfleisch über jedem Weisheitszahn aufgeschnitten werden musste, war die Operation nicht schmerzhaft, aber verstörend. Dank der spiegelnden Brille meines Zahnarztes konnte ich seine Aktionen wie am Fernsehen mitverfolgen, was meinem Magen nicht gut bekam. Zudem war da noch einer dieser Weisheitszähne, der sich nicht lockern wollte, worauf der Zahnarzt ein Knie gegen meine Brust stemmte und den Zahn mit Ganzkörpereinsatz doch noch zur Mitarbeit zwang. Wenn auch nur teilweise, denn der Zahn wurde in zwei Teile gesprengt, wovon einer durch die ganze Zimmerlänge flog und in einer Ecke landete. Unglaublich, aber wahr. Kaum erstaunlich, dass ich mich danach tagelang mit einer geschwollenen Hamster-Backe verstecken musste.

Um mich von den Gedanken an meine armen Söhne und meine Weisheitszahn-Operation abzulenken, muss ich etwas unternehmen. Ich beschliesse, mich ordnungsgemäss in Dainfern anzumelden, damit ich meine Zutrittskarte erhalte.

Sicherheit ist das Hauptverkaufsargument für einen südafrikanischen *estate* wie Dainfern. Die Mauer rund um das Dorf wird mit elektrisch geladenem Draht geschützt, durch Kameras überwacht und durch den Sicherheitsdienst patrouilliert. In das Dorf hinein und heraus kommt man nur durch zwei Tore, die mittels Schlagbalken gesichert und durch Pförtner bemannt sind. Die Einwohner haben auf der Ein- und Ausfahrt je eine eigene Spur, auf der sie zum Schlagbalken fahren und ihre Zutrittskarte elektronisch registrieren. Besucher hingegen müssen auf der Besucherspur vor dem Schlagbalken anhalten und dem diensthabenden Pförtner ihren Namen und ihr Ziel nennen. Der ruft den potentiellen Gastgeber an und fragt nach, ob der Besuch genehm sei. Erst nach dessen Zustimmung und nachdem der Name und die Autonummer des Besuchers im Buch vermerkt und sogar der Führerausweis des Gastes eingescannt ist, darf der Estate betreten werden. Als Einwohner von Dainfern hat man also immer ein paar Minuten Zeit, um sich nochmals die Nase zu pudern, bevor die Gäste eintreffen. Oder man muss ungebetene Gäste gar nicht empfangen, man kann ja einfach *„No comprende"* in den Telefonhörer nuscheln und aufhängen.

Danach habe ich noch Zeit für eine Weiterbildung in Sachen südafrikanisches Leben: Ich besuche den Zeitschriftenstand im Spar Supermarkt. Magazine liebe ich, und ich finde, sie sind immer auch ein Spiegel der jeweiligen Gesellschaft. Also mal gucken, wie die Südafrikaner so sind...

Die Auswahl davon ist schon mal beeindruckend. Zeitschriften übers Einrichten, natürlich, Frauenzeitschriften, Klatschzeitschriften, Sport, Wirtschaft, Kinder - alles da im Überfluss. Ein paar davon finde ich aber wirklich aussergewöhnlich. Ein Heft trägt zum Beispiel den Titel „Africa's Bow Hunter" - geht es da tatsächlich um das Jagen mit Pfeil und Bogen?!

Überhaupt hat es gleich mehrere Magazine zum Thema Jagen, das muss also populär sein. Gleich daneben stehen die Zeitschriften über die Tierwelt wie zum Beispiel „Africa Geografic".

Die Sport-Sektion ist auch gewaltig, viel grösser als der Teil mit Wirtschafts-Titeln. Viele Hefte übers Fliegen gibt es da, und zum Beispiel auch eine Zeitschrift über die „Sharks", die Rugby-Mannschaft von Durban. Und das in Johannesburg! Und eine, die sich nur an Golferinnen wendet, „SA Woman Golfer". Ganz ungewöhnlich finde ich auch „Popular Mechanics" - ein Heft extra für die Daniel Düsentriebs von Südafrika? Der kernige Mann, der erstaunlicherweise sogar Magazine liest, kann sich auch über vierrädrige Vehikel weiterbilden, mittels „Bakkie and Truck", ein Heft über Pickups und Lastwagen.

Mit ein bisschen Glück würde ich ja eine Erklärung für diesen Widerspruch finden im Magazin „Psychologies", wo der Inhalt Titel ist. Daneben stehen die Zeitschriften für die Kinder, angeführt natürlich von Disney und Barbie. Die Klatschhefte haben Brad und Angelina auf dem Titel, also keine Überraschungen da, obwohl es ohne Zweifel auch eine genügende Anzahl an lokalen Promis gibt. Bei den Einrichtungsmagazinen gibt es zum Beispiel „House and Garden" und „Garden and Home", da war wohl jemand nicht so kreativ.

Die Frauenzeitschriften sind für mich die interessantesten, da kenne ich mich am besten aus. Auffällig scheint mir die Ausrichtung auf Haus und Hof, sozusagen - „Woman and Home", also Frau und Heim, das wäre im deutschsprachigen Raum sicherlich kein politisch korrekter Titel. Noch schlimmer: „Good

Housekeeping", gute Haushaltsführung. „My Family" gehört auch in diese Kategorie; es wirbt auf der Titelseite mit „40 Rezepten, die der ganzen Familie schmecken". Die Frau in den Dreissigern scheint sich auf diese Zeitschriften beschränken zu müssen, denn es gibt ein Angebot für jüngere Frauen (z.B. Cosmopolitan, Glamour und Cleo) und eins für Frauen über 40. Das ist übrigens erstaunlich reichhaltig, scheint eine gute Käufergruppe zu sein.

Ich entscheide mich für „Woman and Home" und „House and Garden", weil ich mich nach meinem eigenen Heim sehne. Im Transit in möblierten Unterkünften? Ich habe es langsam satt.

Nach zwei Tagen fragt mich Tim im Auto, was *sometimes* heisse. Ich kann aufatmen, denn er hat sich schon genügend an die neue Umgebung gewöhnt, dass er zwar noch nicht gerne, aber doch ohne grossen Protest morgens in die Krippe geht. Max hingegen hat die ganze Aktion von Anfang an gelassen genommen. Er interessiert sich für die neuen Spielsachen und ist mit der aufmerksamen Betreuung offenbar sehr zufrieden. Zudem kriegt er andauernd Besuch von seinem Bruder, der sich in der fremden Umgebung zur einzigen ihm bekannten Person flüchtet, der arme Kerl.

Mittags hole ich die beiden jeweils in der Krippe ab und nach dem Mittagessen, so habe ich es mir vorgestellt, spielen wir am Pool und der angrenzenden Wiese im B&B. Bepackt mit Max, zwei Taschen mit Ball, Wasserspielzeug, Büchern, Trinkflaschen, Ersatzwindeln, Ersatzkleidern, Äpfeln, Sonnencrème, Badetüchern, und was man sonst noch braucht für einen kleinen Ausflug in den Garten - also den halben verfügbaren Hausrat - machen wir uns zum Pool auf. Der ist uns zu kalt zum Baden, aber man kann ja mit der Hand kleine Wellen machen und ähnliches.

Nachdem wir auch noch ausgiebig in der Hollywood-Schaukel geschaukelt haben, ist es Zeit für Action, für ein kleines Fussballspiel. Ich breite ein Badetuch auf dem Rasen aus, setze den „Linienrichter" Max darauf und nehme mit Tim Position ein. Wie es so ist mit einem Dreijährigen und einer Mama, wir spielen nicht immer schön auf Mann. Können wir beide nicht. Also besteht unser Spiel auch daraus, dass man dem Ball nachlaufen und ihn wieder ins Spiel bringen muss. Normalerweise macht das viel Spass - und ganz schön fit, so toll wie wir spielen - aber hier pfeife ich schon nach zwei Minuten zur Auszeit: Ich musste bereits drei Hunde-Häufchen umdribbeln. Was ist denn hier los? Eine genauere Inspektion der Wiese ergibt, dass sie als Hunde-Klo dient. Hätte mir ja auch früher auffallen können, dass die vielen Hunde bestimmt nicht spazieren geführt werden. Der Spass am Spielen im Freien ist mir gründlich vergangen. Ich muss mir mit den Jungs etwas anderes einfallen lassen. Aber es sind noch mindestens neun Wochentage, bis wir in unser Haus einziehen können!

Es ist Ende Februar und das Wetter in Johannesburg ist toll, also sonnig, warm und sommerlich. Nur am Abend braut sich ein Gewitter zusammen. Plötzlich wird es dunkel draussen, und die ersten Donnerschläge fallen. Und urplötzlich ist es auch drinnen dunkel. Wir würden uns erstaunt angucken, wenn wir uns sehen könnten. Zum Glück erinnere ich mich, dass ich in einem Küchenschrank zwei Gaslampen samt Zündhölzern gefunden habe. Damals habe ich mich ja gefragt, wofür die sind – für einen netten Abend auf dem Balkon? Jetzt wissen wir's: Weil man in Südafrika so was braucht bei Stromausfall.

Und Stromausfälle sind häufig in diesem B&B, wie wir feststellen müssen. Ein Blitzschlag hat eine Trafostation in der Nähe ausgeschaltet und es dauert, bis die Sache repariert ist. Praktisch jeden zweiten Abend werden wir in den nächsten zwei Wochen ohne Strom sein. Wir lernen, das Wasser für Max' Fläschchen mit der Bratpfanne auf der Gaslampe heiss zu machen, bibbernd im kalten Badezimmer zu duschen und abends Brot und Käse zu essen.

Es sind jetzt rund sieben Wochen, seit wir aus unserem Haus ausgezogen sind. Unser Hausrat wurde damals von einer Speditionsfirma abgeholt und in ihrem Lokal in einen Fracht-Container eingepackt. Dieser nahm seinen Weg nach Rotterdam, um dort auf ein Schiff verladen zu werden, mit Zielhafen Durban. Dort wird „unser" Container ausgeladen, vom Zoll kontrolliert und abgefertigt und mit dem Lastwagen nach Johannesburg gefahren.

Zufällig habe ich kurz vor dem Umzug ein Bild von einem Container-Schiff gesehen und mir vorgestellt, wie unser Hausrat auch in so einem Blechbehälter auf ein Schiff geschnürt und um die halbe Welt geschippert wird. Ich meine, unser Bett! Meine grüne Teetasse! Tims Schaukelpferd! Unsere Knopfdose!

Ich fand das richtig aufregend. Dafür dauert das dann auch ewig, so circa acht bis zehn Wochen. Gemäss den Berechnungen der Speditionsfirma sollten sie unseren Container termingemäss Mitte März liefern können.

Wir können es kaum mehr erwarten! Ich möchte endlich das Gefühl haben, angekommen zu sein. Die letzten Wochen waren für uns alle sehr, sehr anstrengend.

Lukas musste seine Familie zurücklassen und in Südafrika seine neue Stelle antreten. Er kommt als neuer Chef in eine Firma, die er nicht kennt, in ein Land, das er nicht kennt und muss in einem Umfeld arbeiten, von dessen Mentalität er nur eine ungefähre Vorstellung hat.

Tim hat die ganze Angelegenheit bis jetzt sehr sportlich genommen. Er fand den Umzug und die neue Situation offenbar sehr spannend, war immer offen und positiv und hat sich nie beschwert. Ausser in den ersten Tagen in der neuen Krippe, da hat er sich ganz offensichtlich einsam gefühlt, das arme Kerlchen.

Max hingegen hat sich in den letzten Wochen verändert. Er schläft schlecht - wobei das zu erwarten war, sobald er aus seinem Stubenwagen-Kokon gerissen wird. Aus dem immer zufriedenen und strahlenden Baby ist eins geworden, das sehr viel Aufmerksamkeit und Zuwendung braucht. Er ist nicht mehr damit zufrieden, von seinem Platz aus die Familie zu beobachten, sondern er will, dass man sich aufwändig um ihn kümmert. Er kann sogar richtig schreien!

Ich meinerseits fühle mich wie ein Stausee im Winter. In den letzten Wochen wurden meine Kraft und Energie systematisch angezapft und verbraucht, ich musste liefern und geben, doch nie und nirgends konnte ich Energie zurückgewinnen. Jeder wollte etwas von mir: Mein Büro musste ich räumen und meinen Nachfolger instruieren, die Administration im Zusammenhang mit der Auswanderung musste ich erledigen, um Freunde und Familie vor der Abreise ein letztes Mal zu besuchen reiste ich mit den Kindern durch die halbe Schweiz, ganz am Schluss musste ich das Auto verkaufen und die letzten - dank Kleinkindern erstaunlich zahlreichen - Habseligkeiten einpacken, und dann waren da natürlich unsere zwei Jungs.

Während mehreren Wochen war ich Tag und Nacht allein für sie da, und dann noch unter diesen erschwerten Umständen, in einer fremden möblierten Wohnung. Das verlangte viel mehr Aufmerksamkeit als im Alltag und zu Hause, wo sich Tim auch mal selber beschäftigte oder mit Freunden spielte und Max so zufrieden war. In den letzten Wochen war ich Köchin, Butlerin, Hausmädchen, Chauffeuse, Spielkameradin, Märchentante, Hüpfburg, Babywiege, Logistikerin, Flight Attendant, Sekretärin, Krankenschwester, Nachtdienst, Reiseleiterin, Body Guard und Mode-Assistentin für meine Jungs. Jetzt bin ich beinahe leer. Es ist Zeit für die Schneeschmelze.

Was mich bei dieser grossen Müdigkeit belebt, das ist Südafrika. Jeden Tag entdecke ich Neues hier, jeder Tag ist ein bisschen aufregend!

Nur schon auf der Fahrt vom B&B zur Krippe jeden Morgen, natürlich auf der linken Strassenseite, fühle ich mich wie im Urlaub: Da sind freche Taxis auf der Strasse, prustende uralte Lastwagen hüllen sich beim Aufwärtsfahren in stinkende graue Abgaswolken, schlaftrunkene Menschen kuscheln sich auf der Ladefläche von Pick-ups an die windgeschützte Fahrerkabine, und am Strassenrand warten die Menschen auf ein Taxi. Andere sind zu Fuss unterwegs, manche afrikanische Mama trägt ihre Tasche oder den Sack Maismehl auf dem Kopf, ein paar haben ihr schlafendes Baby auf den Rücken festgebunden, dick in warme Decken eingemummelt.

Ich schiebe eine CD von Miriam Makeba in den CD-Player im Auto, und während die Klänge von *„Igqira lendlela nguqo ngqothwane, Igqira lendlela nguqo ngqothwane, Sebeqabele gqi thapha bathi nguqo ngqothwane"* das Auto erfüllen, fahren wir durch die fremde Landschaft. Jetzt im Spätsommer blühen rosa und weisse Cosmeen an den Strassenrändern, dahinter werden an manchen Orten die langen trockenen Grashalme fürs Dachdecken geschnitten und in Büschel gebunden, an anderen sind sie niedergebrannt, der Boden bleibt schwarz verkohlt und die Bäume mit braunen Blättern zurück. In den dürren Wiesen sind Trampfelpfade zu sehen, von Menschen, die morgens früh zu Fuss kilometerweit zur Arbeit gehen oder am Strassenrand das nächste Taxi herbeiwinken.

Unser Weg führt uns am Lion Park vorbei, und wenn wir Glück haben, sehen wir am Morgen ein paar Gnus grasen hinter dem Zaun oder sogar eine Giraffe, die ihren Kopf tief in eine Akazie gesteckt hat und sich dort mit ihrer dunkelvioletten Zunge die leckersten Blättchen angelt. Gegenüber vom Lion Park, nahe der Autobahn, ist ein so genanntes *informal settlement,* eine Hüttensiedlung. Ziegen weiden manchmal an der Strasse, und kleine Blechhütten stehen dort schutzlos unter der gleissenden Sonne, nicht weit von den grosszügigen Farmhäusern mit herrschaftlichen Einfahrten und weissen Mauern mit Stacheldraht und Überwachungskameras.

In Dainfern passieren wir mit unserer Eintrittskarte das blendend weisse Eingangstor und finden uns in einer anderen Welt, einer Welt der gepflegten Gärten und schmucken Häuser, dazwischen ein weitläufiger, strahlend grüner Golfplatz. Alles wirkt wie frisch gestrichen und frisch poliert, überall bieten sich schöne Anblicke, und ich kann es kaum erwarten, hier zu wohnen. Jeden Morgen fahre ich noch rasch an „unserem" Haus vorbei und träume davon, wie wir hier leben werden.

Beim Einkaufen lächeln mir strahlend weisse Zähne in dunklen Gesichtern entgegen, und am Rotlicht halten mir die mobilen Händler hoffnungsvoll Zeitungen, Kleiderbügel und Auflade-Geräte für Mobiltelefone an die Autoscheibe.

Afrika. Nicht nur das Afrika der wilden Tiere und der Savannen, sondern das Afrika der Menschen, die hier leben. Es ist exotisch und spannend und ich habe mich bereits in dieses Land verliebt.

3

„Und dann habe ich extra noch den Brunnen geputzt. Das Wasser herausgeschöpft, die drei Brunnengefässe gründlich geschrubbt, und danach wieder frisches Wasser nachgefüllt.“ Diese Erklärung wird mit eleganten Bewegungen einer perfekt manikürten Hand unterstrichen.

„Wow, das haben Sie alles gemacht?“

„Also, ich habe meinen *garden boy* angewiesen, das alles zu machen.“

Lizette, unsere Vermieterin, ist durch und durch Südafrikanerin. Mittvierzigerin, sehr schlank, lange blonde Haare mit Sonnensträhnchen, von der Sonne geröstete Haut, affektierte Sprechweise und einen leichten afrikaansen Akzent im ansonsten perfekten Englisch. In einer Welt mit Bediensteten aufgewachsen, hat sie keine Mühe damit, eine ganze Truppe von Hausangestellten auf Trab zu halten.

Ich fühle mich sofort wie in den Comic-Büchern von „Madam & Eve". Diese südafrikanischen Cartoons, die ich gerade erst entdeckt habe, nehmen eine Dame aus einem schicken Vorort von Johannesburg und deren Maid aufs Korn. Madam liest gerne die Zeitung und aalt sich am Pool, während ihre Maid Eve putzt, und diese revanchiert sich damit, dass sie während Madams Lieblingssendung im Fernsehen staubsaugt und regelmässig auf dem Bügelbrett unter einer Zeitung ein Nickerchen macht. Das perfekte Lehrbuch für Ausländer, die der hiesigen Sitten noch nicht kundig sind!

Unsere *Madam* stellt bei einem Rundgang durch das Haus zungenschnalzend fest, dass unsere Vormieter es offenbar nicht für nötig befunden haben, die Spuren ihrer Anwesenheit zu beseitigen. Doch dieses Problem kann behoben werden: Mit einem glänzenden und funkelnden Mobiltelefon ordert *Madam* zwei Maids in den Einsatz, welche sich sofort um die schmutzigen Fenster, nassen Teppiche, staubigen Schrankfächer, klebrigen Türfallen, schmierigen Backofenbleche und verkalkten Duschköpfe kümmern sowie auf den Knien robbend den Boden mit Stahlwolle schrubben sollen.

Lizette wird die Arbeit abends kontrollieren, doch für den Moment ist ihre Aufgabe erfüllt und sie hat noch Termine - mit ihrer Kosmetikerin, wie ich mit leichtem Neid vermute. Mit zwei Luftküsschen verabschiedet sie sich auf klappernden Absätzen und schnurrt in ihrem Mercedes-Sportwagen davon.

Und dann kommt Clara, unsere neue Maid. Sie bezieht den sogenannten *maid's room*, eine Art Studio, das bei den grösseren südafrikanischen Häusern in einer schattigen Ecke angebaut ist und über einen separaten Eingang verfügt. Der *maid's room* besteht meist aus einem Zimmer mit Einbauschrank, einer Kochecke und einem Badezimmer. Verglichen mit den Räumen des Haupthauses ist dies normalerweise eher bescheiden, jedoch recht grosszügig zum Beispiel für skandinavische Verhältnisse, die ich vor allem durch mein eingehendes Studium der IKEA-Kataloge zu kennen meine.

Urs, der Vorgänger von Lukas, hat den Hausrat von Clara auf einen geliehenen Pick-up oder *bakkie*, wie man diese Vehikel hier nennt, geladen, und wir helfen ihr, sich in ihrem Raum einzurichten. Danach fährt sie an ihren alten Wohnort zurück, um bei Urs und Carmen noch zum letzten Mal Hand anzulegen.

Wir überfahren beinahe den Gärtner, als wir vor dem Haus von Urs und Carmen eintreffen. Es ist so dunkel, dass man die Hand vor Augen nicht sehen kann, und der arme Kerl hat die undankbare Aufgabe, den Gästen einen Parkplatz zuzuweisen. Urs und Carmen haben zu einer Abschiedsparty eingeladen. Ihr Haus ist verkauft, ihr Hausrat wird in zwei Tagen eingepackt, danach werden sie noch Ferien an der südafrikanischen Küste machen und schliesslich in die Schweiz fliegen.

Die Gastgeber begrüssen uns an der Haustür, allerdings nur kurz, denn bereits sind weitere Gäste eingetroffen. Mit einem Glas in der Hand wandern wir nach draussen. Es ist ein angenehm warmer Sommerabend und die Gäste plaudern im Freien. Wir sind die einzige Familie mit Kindern, denn in südafrikanischer Manier haben die anderen Eltern ihre Kinder zu Hause bei der Maid gelassen.

Mit Max auf dem Arm und Tim im Auge folge ich Lukas, der direkt auf eine Gruppe von Gästen zusteuert, die er kennt: KehlTech-Mitarbeiter und ihre Frauen. Schon am Ende der kurzen Vorstellungsrunde habe ich alle Namen vergessen und muss später erneut nachfragen, aber das scheint niemanden zu stören.

Lee-Anne, die südafrikanische Frau von Theo, spaziert schon bald mit Max auf dem Arm durch den Garten, und Sonia, eine Walliserin französischer Muttersprache, wechselt sich mit Petra ab beim Erzählen von Erlebnissen als Auslandschweizer. Mit ihren langen schwarzen Haaren, den dunklen, schwarzumrandeten grossen Augen und der kühn gebogenen Nase sieht Sonia nicht unbedingt aus wie die typische Schweizerin. Auch ihr lebhaftes Temperament, das sich unter anderem in wildem Gestikulieren äussert, passt bestens in wärmere Gefilde. Die Geschichten, die sie erzählt, handeln nicht selten vom Ausgehen und enden praktisch immer mit anhaltendem, tiefkehligem Gelächter.

Petra dagegen ist hoch aufgeschossen und etwas rundlich, was ihr die gewagte Aura einer Walküre gibt. Vielleicht hat dieser Eindruck aber auch damit zu tun, dass sie ausserordentlich laut redet. Und zwar, im Gegensatz zu Sonia, mit Vorliebe über Familie, Heim und Herd. Sie muss eine Mitarbeiterin oder zumindest eine begeisterte Leserin des Magazins „Good Housekeeping" sein, das ich in den Zeitschriftenregalen gesehen habe.

Verstohlen überprüfe ich ihre Fingernägel auf allfällige Hinweise darauf, dass sie ihren Garten selber bestellt, statt wie alle anderen einen Gärtner zu beschäftigen. Negativ, die Nägel sind perfekt. Zumindest eine Maniküre leistet sich Petra also. Vorurteile rächen sich rasch, für den Rest des Abends fühle ich mich mit meinen schief geschnittenen und auf unregelmässige Längen gestutzten Fingernägeln so fehl am Platz, dass ich versuche, unauffällig auf meine Hände zu sitzen und mein Glas vorsichtshalber nicht mehr anrühre.

Am nächsten Morgen, es ist Sonntag, vermeldet Lukas' Telefon um zehn Uhr eine SMS: „Um 13 Uhr treffen wir uns im Rhino and Lion Park zum *braai*. Kommt Ihr auch? Petra und Heinz". Lukas ruft Heinz an und fragt nach einer Wegbeschreibung, während ich im Eiltempo unsere Jungs ankleide und meine Fingernägel einigermassen auf Zack bringe. Dann wühlen wir uns durch unseren temporären Haushalt und packen ein, was sich zum Picknicken und *braai* eignet – Heinz hat uns erklärt, das sei das südafrikanische Wort für Grillen. Und nach einem Abstecher in den Supermarkt, der in Südafrika praktischerweise auch an Sonn- und Feiertagen geöffnet ist, sind wir unterwegs zum Park.

Dieser ist viel grösser als der Lion Park, in dem wir letzte Woche waren, und es hat auch grössere Tiere, zum Beispiel Büffel, Nashörner und Säbelantilopen. Die Raubtiere - Löwen, Geparde und Wildhunde -

werden in Gehegen gehalten. Spektakulär ist ihre Fütterung, die wir miterleben: Die Wildhunde laufen schon Minuten vor der Fütterung ganz hysterisch im Gehege herum und lassen ihr hohes, seltsames Winseln hören. Bei den Löwen parkieren wir unser Auto, wie alle anderen, um eine grosse Wiese. Dort stehen die Tiere bereit und blicken gespannt auf den Feldweg, auf dem der *bakkie* mit dem Fleisch auftauchen wird. Dieser rast im vollen Karacho auf die Wiese zu, und die Wildhüter, in Südafrika *Ranger* genannt, müssen das Kunststück vollbringen, in voller Fahrt die Kuhhälften vom Wagen zu werfen. Weshalb sie nicht gemütlich fahren und anhalten können, dämmert uns in dem Moment, als zwei Löwen versuchen, auf den fahrenden *bakkie* zu springen und sich schon mal eine Vorspeise zu sichern. Obwohl es klar ist, dass die Tiere nicht in freier Wildbahn leben, ist das Spektakel doch sehr beeindruckend.

Nach der Fütterung treffen wir Petra und Heinz am Picknickplatz. Sie haben sich eins der kleinen Grill-Häuschen ausgesucht und sind schon eingerichtet: Klapptisch und Campingstühle sind aufgestellt, und im Grill wird die Holzkohle angezündet. Heinz ist ein dunkelhaariger Hüne, zu dem die lässigen Buschhosen und das karierte Hemd prima passen. Seine Frau Petra und er liegen altersmässig wahrscheinlich leicht südlich der vierzig, wie wir, aber ihre Kinder Luca, Lea und Lars sind einiges älter als unsere beiden Jungs. Tim strahlt wie ein Honigkuchenpferd, dass er endlich wieder einmal schweizerdeutsch sprechen kann mit anderen Kindern. Schon sind die vier unterwegs, um sich die Schlangen anzugucken.

„Dieser Mini-Grill, das ist doch eher was für Warmduscher. Bringt's der wirklich?"

„Klar, so ein kleiner Grill genügt hier. An den Picknickplätzen in Südafrika hat es immer schon einen *braai* installiert, da brauchst Du nicht mehr."

„Und die Campingstühle, die sind super bequem. Wo habt Ihr die her?"

Gemütlich lehne ich mich in meinem Stuhl zurück und blinzle in die Sonne. Lukas fachsimpelt mit Heinz über Camping- und Grillausrüstungen, Max wirft Lego durcheinander auf einer Decke unter dem Baum und Petra und ich räkeln uns auf den weichen Campingstühlen und trinken Piña Colada-Drinks. Schon wieder ein Gefühl wie Urlaub. Mein Akku lädt auf.

Petra schüttelt ihren akkurat geschnittenen dunkelblonden Pagenschnitt. „Seltsam, dass Sonia und Alex noch nicht da sind! Die sind sonst immer pünktlich, und jetzt sind sie schon eine halbe Stunde zu spät." Weil es so schön warm und bequem ist, haben wir jedoch nicht die Energie, länger darüber nachzudenken. Angesichts der Düfte, die vom Grill zu uns wehen, unterhalten wir uns lieber darüber, wo man in dieser Stadt die besten Lebensmittel bekommen kann. Petra schwärmt vom „Berliner" Metzger, wo sie die Würste gekauft hat, die auf dem Grill brutzeln. „Wie Schweizer Cervelat, Du wirst sehen!" Dort könne man auch deutsche Spezialitäten wie Lebkuchengewürz, Sauerkirschen, Rahmfestiger und einen grossen Teil des Maggi-Sortiments finden. Und Fleischkäse. Nebst perfekt abgehangenem Frischfleisch und etlichen Sorten Aufschnitt.

„Warst Du schon mal im Superspar in Broadacres? Das ist der beste Supermarkt, den ich kenne!" Und das muss etwas heissen, denn in den nächsten sechs Minuten zählt sie geniesserisch Produkte auf, die ich nicht unbedingt jeden Tag brauche. Nicht mal jeden Monat. Wie zum Beispiel Lindenblütentee, ohne Schale gemahlene Mandeln, Kren und Hoisin-Sauce. Allmählich kriege ich den Eindruck, dass ich es hier mit einer sehr ernsthaften Köchin zu tun habe. Ausserdem kriege ich ernsthaft Hunger.

Unsere Männer sind bereits damit beschäftigt, die Jungmannschaft abzufüttern. Es scheint eine südafrikanische Sitte zu sein, den Kindern zuerst aufzutischen, damit die Eltern danach in Ruhe essen können. Wir werden diese Sitte wohl mit Freuden übernehmen – zusammen mit Kleinkindern zu essen hat schliesslich grosses Frustpotential. Mama möchte ihr Mahl gerne heiss geniessen, doch weil der Sprössling höchstens lauwarmes Essen akzeptiert, muss dieses erst eine Viertelstunde kalt gepustet werden. Sobald sich Mama also endlich ihrem eigenen Teller zuwenden kann, ist dessen Inhalt auch ohne Pusten kalt geworden.

Zum Glück verkündet Heinz kurz darauf, dass das Fleisch nicht mehr länger auf Sonia und Alex warten könne, und wir machen uns über die köstlichen Würste und Koteletts nebst wunderbarem Papaya-Reis-Salat und selbst gebackenen Brötchen her. Petra hat meine Vermutung bestätigt und sich als exzellente Köchin erwiesen. Die Knackwürste vom „Berliner" Metzger schmecken tatsächlich fast wie Schweizer Cervelats, aber interessanter finde ich *boerewors*, die südafrikanischen groben Bauernwürste, die ich bisher noch nie gekostet hatte. Die hiesige Spezialität ist recht eigenwillig gewürzt - mit Koriander, Nelken und Muskatnuss, wie Petra mir erklärt. Dazu gibt es ein Glas südafrikanischen Chardonnay - herrlich!

Als wir uns mit vollen Bäuchen zurücklehnen, parkiert ein Geländewagen neben uns: Familie Schlatter ist eingefahren, also Sonia und Alex mit ihren Kindern Jana und Reto. Sonia wirft aufgeregt ihre dunkle Mähne zurück und trompetet:

„Isch glaube das einfasch nischt! Eine Löwe 'at üns angegriffen! Wir konnten üns nischt mehr von die Stelle rühren, bis die Ranger alles wieder geflickt 'atten!! Isch brausche jetzt ünbedingt was ssü trinken."

Mit vereinten Kräften gelingt es der Familie, uns die ganze Geschichte zu erzählen: Kurz vor der Löwenfütterung spazierte ein männlicher Löwe zu ihrem Auto und inspizierte den linken Vorderreifen eingehend. Um dann einmal kräftig hinein zu beissen. Begleitet von einem pfeifenden Geräusch sackte der Wagen ab: Kein Zweifel, die Luft war draussen aus dem Autoreifen. Vater und Mutter schauten sich empört und sprachlos an, die beiden Kinder auf dem Rücksitz kriegten den Mund vor lauter Staunen nicht mehr zu.

Der Beifahrer des Nachbarautos hatte alles beobachtet, öffnete sein Fenster einen Spalt breit und versprach, am Ausgang vom Löwengehege Hilfe zu holen. Aber erst nach der Fütterung, die man doch miterleben wolle. Also blieb der Familie nichts anderes übrig, als den Löwen beim Fressen und danach den anderen Autos beim Wegfahren zuzuschauen und darüber zu rätseln, wie sie aus ihrer misslichen Lage befreit werden könnten. Reto, der Kleinste, musste in den Kofferraum klettern und eine Packung Chips sowie Getränke aus der Kühlbox liefern.

Die eingeschlossene Familie beobachtete den Zufahrtsweg ebenso sehnsüchtig wie kurz zuvor die Löwen, die auf ihr Futter gewartet hatten. Diese hatten sich bereits vollgefressen in den Schatten gelegt, als der ersehnte *bakkie* endlich eintraf, bemannt mit drei Rangern.

Durchs offene Wagenfenster wurden Anweisungen erteilt, was zu tun sei. Für die Familie Schlatter war der Befehl klar: Im Auto bleiben, Fenster geschlossen halten, höchstens einen winzigen Spalt öffnen.

Die Ranger stellten ihren Wagen in der Zwischenzeit als Schutz zwischen den Unfallwagen und das Löwenrudel, einer griff zum Gewehr, die anderen zum Wagenheber und Kreuzschlüssel, und auf drei bewegten sie sich vorsichtig, aber schnell aus ihrem Auto. Und dann folgte eine Szene, die man eigentlich nur aus der Formel 1 kennt: In Windeseile und mit beträchtlichem Geschick, das nur durch Übung zustande kommen kann, wurde der Schlattersche Autoreifen gewechselt und das Auto dadurch wieder fahrtüchtig gemacht. Der Mann mit dem Gewehr blieb bis zum Schluss auf der Hut und deckte auch den Rückzug seiner Kameraden, bis alle wieder im Auto sassen. Alex und Sonia verliessen unverzüglich das Löwengehege, gefolgt vom Ranger-bakkie, und stoppten erst im sicheren Gelände ausserhalb des Löwengeheges.

Als sie sich bei den Rangern bedankten, winkten diese ab: Schon okay, *business as usual*, das passiere jedes Wochenende. Immer der gleiche Löwe, und immer Geländewagen. Ein Löwe mit Hobby.

Normalerweise stehe ich eher auf runde Formen. Aber für einmal fasziniert mich ein Block mit lauter geraden Linien: Unser Container! Acht Wochen, drei Tage und heute noch zwei Stunden haben wir auf ihn gewartet; jetzt steht er vor unserem neuen Haus. Ich hüpfe wie ein kleines Äffchen herum, strahle die Umzugsmänner entzückt an und schwenke meine Kamera in alle Richtungen. Fast erwarte ich, dass die Umzugsmänner in meine Begeisterung einstimmen. Fällt ihnen aber natürlich nicht ein, sie stehen herum und quatschen. Wie praktisch alle Schwarzen in Südafrika sprechen sie miteinander in einer der lokalen Sprachen und können sich so bequem und folgenlos über das verrückte Huhn mit Kamera austauschen.

Zeit dazu haben sie genügend, denn als erstes muss sich ihr Chef häuslich einrichten: Er braucht einen Klappstuhl, ein Tischchen, eine Menge Papier, und dann Zange, Stift, Schere und meinen Mann. Denn jetzt folgt die feierliche Eröffnungszeremonie.

Es fehlt nur noch die dramatische Begleitmusik, als der Chef umständlich die Siegel am Container bricht und langsam, laaangsam die Containertür öffnet. Als Erstes erblicken wir unser Klavier, perfekt umhüllt von einem Mäntelchen aus Holzlatten. Sozusagen in einer richtigen Kiste. Bei diesem Anblick erfolgt ein neues, diesmal längeres Palaver. Wir brauchen nicht Zulu oder Xhosa oder Tswana zu sprechen um zu verstehen, dass Vorschläge gemacht und sogleich verworfen werden, wie dieses Ungetüm auf den Boden, aus seiner Kiste und ins Haus kommen soll.

Unter Anleitung des Chefs und mit vereinten Kräften schaffen unsere Umzugsmänner die Enthüllung des Klaviers und seinen Transport ins Esszimmer, und danach beginnt die Maschinerie zu laufen.

„Jedes Möbelstück und jede Schachtel hat eine Nummer. Mein Mitarbeiter transportiert es aus dem Container und meldet mir die Nummer, ich streiche sie auf der Liste durch. Okay?"

„Okay", nicken wir. Wird schon alles seine Richtigkeit haben.

Dieser Umzug ist viel effizienter als jeder andere, den ich bisher erlebt habe, denn wir brauchen nur rund 20 Minuten, bis ein absolutes Durcheinander herrscht. Das liegt vor allem daran, dass alle Möbelstücke wie Betten, Kommoden und Büchergestelle in ihre Einzelteile zerlegt wurden, damit sie im Container Platz finden. Und es liegt an den Kilometern von Verpackungsmaterial, von dem wir sie befreien müssen. Clara ist bald von ganzen Abfallbergen umgeben, weil sie auf der Terrasse im Akkord Plastik aufschlitzt und Karton wegreisst.

Zwei volle Tage arbeiten Lukas, Clara und ich mit einem Team von Zügelmännern, die zum Beispiel das Keller-Holzgestell in der Abstellkammer aufstellen und die Hochstühle für die Kinder wieder zusammenschrauben. Am dritten Tag ist die Mannschaft kleiner, nur noch zwei Männer, Clara und ich.

Gegen Ende des Nachmittags stopfen wir noch so viel gebrauchtes Verpackungsmaterial wie möglich in ihren Kleinbus, verabschieden die Umzugsmänner und schliessen die Haustüre. Gleich wird auch Clara in ihren Feierabend verschwinden, und dann werde ich auf mich selbst gestellt sein.

Doch vorher rennt sie mit Max auf dem Arm in die Küche und ruft aufgeregt: „*Snail! There is a snail!*" Eine Schnecke? Na und? Aber Clara macht den Eindruck, als sollte ich über ihre Mitteilung besorgt sein. Ich folge ihr und verstehe: Nicht *snail,* sondern *snake.* Eine Schlange liegt unter der offenen Türe vor dem Gästeklo. Dunkelbraun, rund 40 Zentimeter lang, mit aufgestelltem Kopf. Eindeutig eine Schlange. In lebendigem Zustand.

Wie war das nochmals?? ALLE haben gesagt, es gäbe keine Schlangen in Johannesburg!! Ich habe Annette gefragt und sie hat ausdrücklich erklärt, es gäbe keine Schlangen in Dainfern!!

In Südafrika gibt es jede Menge Giftschlangen und sogar speiende Kobras, habe ich gelesen. Keine Ahnung, wie das funktioniert, aber es tönt furchteinflössend. Es muss bedeuten, dass das Schlangengift einen Weg zum Menschen findet, auch wenn man mit der Schlange nicht direkt in Kontakt kommt. Gruselig, nicht? Ich umklammere Tim und winke Clara, mir mit Max zu folgen. Vorerst verschanzen wir uns auf der Terrasse. Durch die Glastüre haben wir die Bedrohung bestens im Blick, können schnell auf einen Angriff reagieren und noch weiter zurückweichen.

Afrika hin oder her, ein Haus mit Schlange, nein, das will ich nicht!

Also, jetzt muss ich logisch nachdenken: Wir brauchen jemanden, der weiss, wie man mit Schlangen umgeht! Jemanden, der dieses Getier einpackt und aus unserem Leben entfernt!

Mein Mann. Oder nein, vielleicht doch nicht. In Thailand haben wir mal eine Schlangenshow gesehen, und ich erinnere mich schwach, dass Lukas sich auf einen der hinteren Sitze verdrückt hat. Nicht unvernünftig, mein Mann.

Lizette! Sie ist Südafrikanerin, die kennen sich mit so was aus! Aber vor meinem Auge entsteht das Bild von Lizette mit ihren föhnfrisierten Haaren, perfekt gepflegten Fingernägeln und der schicken Handtasche. So richtig zupackend hat sie nicht gewirkt. Und wenn nicht mal Clara eine Lösung hat, und die ist ja auch Südafrikanerin...

Dann habe ich's: Ein Anruf beim Sicherheitsdienst von Dainfern. Über die Notfallnummer. Das ist ein Notfall, *man*!

„Okay, wo ist denn jetzt diese Schlange?" Knapp sechs Minuten später sind zwei Männer zur Schlangenbeseitigung eingerückt.

„Da, sie hat sich da hinter der Säule versteckt, gucken sie mal! Da sehen sie noch ein Stückchen Schwanz!"

„Ah ja, *no problem*", heisst es fachmännisch. „Wir brauchen einen Besen und einen Plastiksack."

Und dann gehen sie einfach rein, fegen die Schlange in den Sack und drehen den locker oben zu. Eine Sache von 13 Sekunden.

„Das ist eine *Redlip*, die ist nur ganz leicht giftig. Gibt höchstens ein bisschen Kopfweh, wenn man von ihr gebissen wird. Wurde ich schon oft, oben bei den Eingangstoren und bei den Rundgängen an der Mauer." Solange die Schlange sicher im Plastiksack ist, höre ich mir das Prahlen meiner Schlangenfänger gerne an! Mit dem Versprechen, die Schlange im nahen *veld* auszusetzen, machen sich die beiden Sicherheitsmänner wieder davon.

Sobald Clara Feierabend gemacht hat, verriegle ich Haus und Hof und sacke auf dem Sofa zusammen. Ein schwächerer Charakter hätte bestimmt zum Cognac gegriffen. Nicht, dass ich nicht auch daran gedacht hätte; doch das Vorhaben scheitert schon daran, dass wir keinen Alkohol im Haus haben. Den durften wir nicht in den Container packen, weil er sich unter gleissender Sonne auf dem Frachtschiff hätte entzünden können. Zum Glück haben nur die Nerven der Mama gelitten, Tim und Max haben es weiter nicht bemerkenswert gefunden, dass sich eine Schlange in ihrem Haus niederlassen wollte.

Mein Göttergatte, den ich angerufen und ausführlich über die erfolgreiche Schlangenbeseitigung informiert habe, übermittelt mir beim Nachtessen alle Kommentare seiner Firmenkollegen. Die waren sich einig: Die Beschreibung deutet auf eine kleine ungiftige *Brown House Snake* hin, also kein Grund für hysterische Anfälle. Hält man sich sozusagen als Haustier, wie schon der Name sagt.

Klar, dass mein Mann über die Angelegenheit süffisant lächeln kann, er war ja schliesslich nicht dabei! Wenn wir das nächste Mal eine Schlange im Haus haben dann muss er sie beseitigen. Zur Strafe.

4

Eines hat die Schlangengeschichte deutlich gezeigt: Wir brauchen endlich wieder E-Mail, damit wir unseren Freunden in der Schweiz von unseren Erlebnissen berichten können. Und für E-Mail brauchen wir einen Telefonanschluss. In der Schweiz hätte ich lässig vom Mobiltelefon aus angerufen, und am nächsten Tag wäre mein Anschluss aktiviert gewesen. Aber hier muss man persönlich vorsprechen um sich bei *Telkom* um einen Telefonanschluss zu bewerben. Also mache ich mich auf zum *Telkom-Shop*.

Einkaufen in Südafrika bedeutet, sich sorgfältig vorzubereiten, um für alle Fälle gewappnet zu sein. Lee-Anne hat mir an der Party vom letzten Samstag hierzu genaue Anweisungen gegeben. Sie ist Südafrikanerin und kennt sich aus. Hier also das originalsüdafrikanische Vorgehen:

Als erstes lasse man seine Kinder bei der Maid; nur in Notfällen oder zwecks Schuhkauf soll man mit Kindern einkaufen, denn die könnten gestohlen oder, im Falle eines Überfalls, verletzt werden.

Dann verstaue man die Handtasche sorgfältig, ich lege sie auf den Boden oder zwischen Beifahrer- und Fahrersitz. Auf keinen Fall auf den Beifahrersitz, denn sonst besteht das Risiko, dass die Scheibe bei einem Rotlicht eingeschlagen und die Tasche geschnappt wird. Diese Art Raub ist so verbreitet, dass sie sogar einen eigenen Namen hat: *smash-and-grab*, also „einschlagen-und-schnappen".

Beim Losfahren muss das Auto immer von innen abgeschlossen werden. Dafür gibt es extra einen Knopf, den ich in europäischen Autos noch nie gesehen habe.

So rolle ich in meiner fahrenden Rüstung zur ersten Ampel, die garantiert rot ist, und halte an. Vorsichtigere Mitbürger achten beim Anhalten darauf, dass sie tunlichst die Hinterräder des Autos vor ihnen noch sehen können, damit sie genügend Raum haben, um im Notfall noch wegnavigieren zu können. Ich vergesse das jedoch immer. Zudem finde ich es auch etwas übertrieben, am helllichten Tag.

Nicht vergessen kann ich jedoch, in papstähnlicher Manier, aber abwehrend aus dem Autofenster zu winken. Denn am Rotlicht warten die sogenannten *hawker*, mobile Verkäufer. Im Angebot sind fast überall Zeitungen, Kleiderbügel, Aufladegeräte für Mobiltelefone sowie Bälle, und daneben gibt es noch ein saisonales Angebot wie zum Beispiel Sonnenbrillen, Rugbyaccessoires und Socken sowie Spezialitäten wie kopierte DVDs oder hölzerne Zebras. Lee-Anne hat mir eingebläut, nie, nie und wirklich niemals die Scheibe zu öffnen. Vorerst halte ich mich daran. Es fällt mir nicht mal besonders schwer. So stark führt mich das Angebot der *hawker* nicht in Versuchung.

In Johannesburg macht man seine Besorgungen vornehmlich in *shopping malls*. Die haben den Vorteil, dass verschiedene Geschäfte relativ nahe beieinander zu finden sind. Man teilt sich so die Parkplätze und die Ausgaben für den Sicherheitsdienst. Das Bedürfnis nach Sicherheit ist beim Einkaufen besonders gross, und zwar sowohl für Kunden wie für die eingemieteten Geschäfte. Überfälle auf Supermärkte sind nicht selten, und da dabei immer auch Waffen eingesetzt werden, geht es nicht „nur" um den Verlust von Geld.

Ein wichtiger Sicherheitsaspekt der *malls* ist auch die Bewachung des dazugehörigen Parkplatzes durch Parkwächter. Das ist deren Hauptaufgabe, doch sie erbringen noch andere Dienstleistungen. Zuerst fand ich es ja etwas irritierend, von jemandem aus dem Parkfeld gewinkt zu werden. Brauche ich doch nicht, ich kann schliesslich zurücksetzen, ohne andere Kunden dabei zu überfahren! Zumindest wenn die selber aufpassen, dass sie nicht von mir überfahren werden! Doch dann habe ich begriffen, dass der Parkwächter beim Herauswinken auf wundersame Weise immer genau neben meinem Autofenster zu stehen kommt. Also in der idealen Position, um sein Trinkgeld in Empfang zu nehmen.

Der Telkom-Shop befindet sich ebenfalls in einer *mall*, in Fourways Crossing, das zum Glück nicht zu weit von uns entfernt liegt. Was ich noch nicht weiss, als ich meinen ersten Schritt in das Geschäft mache: Ich werde in den nächsten Monaten hier regelmässig zu Besuch sein. Denn hier erlebe ich zum ersten Mal in meinem Leben die südafrikanische geschäftliche Bürokratie. Und die funktioniert so:

Es gibt zwei Warteschlangen, die an verschiedenen Orten enden. Weil das Ziel der Wartenden nicht angeschrieben ist, stelle ich mich der Einfachheit halber in die kürzere. Natürlich die falsche. Also nochmals anstehen. Im Fernseher an der Wand läuft tonlos eine offensichtlich lokale Soap-Opera, in der ein paar dickliche junge einheimische Damen mit fülligen Haarteilen wild gestikulierend und stürmisch aufeinander einreden. Ich starre fasziniert, doch als nach 15 Minuten immer noch keine weitere *action* erfolgt, wird es doch langweilig, so ohne Ton.

Endlich bin ich an der Reihe und werde von einem jungen Mann mit Bockbärtchen empfangen. Leider stellt sich heraus, dass er sich einer Neueröffnung nicht gewachsen fühlt. Ich muss warten, bis seine Kollegin, eine Dame mit spitzer Brille und augenschädigend grüner Bluse, ihre Kundin abgefertigt hat. Endlich kann sie sich mir widmen.

Nach kurzer Diskussion in einer lokalen und daher für mich unverständlichen Sprache fördert Bockbärtchen ein Formular aus den Tiefen seines Schreibtisches zu Tage und es kann losgehen. Ich muss meine Personalien angeben, inklusive meiner Schuhgrösse, den Namen meiner Urgrosseltern und der Telefonnummer meiner Eltern zu meiner Geburtszeit. Und meinen Pass vorweisen. Leider habe ich den nicht mitgenommen, wofür ich einen sehr vorwurfsvollen Blick der grün gekleideten Dame erhalte samt dem Bescheid, gefälligst nicht ohne Pass nochmals vorzusprechen.

Am nächsten Tag sitze ich kurz nach der Öffnung des Geschäfts schon vor dem nächsten Berater. Diesmal habe ich unsere sämtlichen Pässe, die Geburtsscheine unserer Kinder, Lukas' und meinen Pensionsausweis, unsere Arbeitszeugnisse und sonst noch ein paar zweitrangige offizielle Dokumente dabei. Und ich werde sie praktisch alle brauchen.

Mein heutiger Berater, ein rund Dreissigjähriger ohne besonderes Merkmal, erklärt nach Abwägen unserer sämtlichen Umstände, dass er die Telefonlinie höchstens auf den Namen meines Mannes eröffnen kann, weil nur Lukas es geschafft hat, auch ein Bankkonto in Südafrika zu ergattern - ein Privileg, das mir bis jetzt verschlossen blieb. Als er Lukas' ganze mir bekannte Lebensgeschichte in einem Formular festgehalten und Kopien von sämtlichen Dokumenten erstellt hat, braucht mein Telkom-Berater nur noch Lukas' Unterschrift. Wie beim Leiter-Spiel: Zurück zum Start.

Mein dritter Besuch ist kurz, aber aufschlussreich: Ich liefere die unterschriebenen Formulare ab und kriege den Bescheid, dass uns in sechs Wochen ein Telkom-Monteur besuchen und die Telefonleitung öffnen wird.

„In sechs Tagen?"

„*No, Madam,* in sechs Wochen."

„Sechs Wochen! Weshalb dauert das so lange? Muss eine Telefonleitung zum Haus verlegt werden?"

„*No, Madam,* nur die Telefonbuchsen müssen aktiviert werden. Normalerweise wird das innert sieben bis vierzehn Tagen erledigt. Aber seit Mittwoch sind die Monteure im Streik."

Prima. Hätte ich meine Telefonleitung schon beim ersten Mal beantragen dürfen, dann hätten wir es noch vor dem Streik geschafft.

Gut unterrichtete Quellen haben uns berichtet, dass es rund drei Monate dauert, bis man in diesem Land eine ADSL-Leitung erhält. Also nehme ich die Internet-Unterlagen mit, damit Lukas sie studieren und wir die ADSL-Leitung so rasch als möglich beantragen können.

Das bedeutet, dass ich zwei Tage später wieder im Telkom-Shop bin, zum vierten Besuch. Aber heute lerne ich Derek kennen.

Schon in den ersten Minuten spüre ich, dass Derek anders ist als seine Vorgänger. Zuerst kann ich das Gefühl nicht einordnen. Augenscheinlich ist Derek weiss, als einziger im Geschäft, und er ist sehr warm angezogen. Aber das kann es nicht sein. Ich grüble.

Was macht ihn bloss so besonders? Erst nach ein paar Minuten fällt es mir wie Schuppen von den Augen: Derek bemüht sich! Er will mir helfen! Er hört zu, denkt mit und wickelt nicht einfach gelangweilt „*business as usual* - und das interessiert mich so was von nicht" ab.

Von da an klappt es. Zwar können wir die Verzögerung wegen des Streiks nicht mehr aufholen, aber Derek schafft es tatsächlich, dass wir schon zwei Wochen nach dem Telefonanschluss auch mit ADSL gesegnet sind. Die kabellose Verbindung klappt nicht beim ersten Mal, aber da meckere ich nicht, sondern besuche einfach meinen neuen Freund. Und flugs kriege ich Besuch von einem anderen *Telkom*-Monteur, der auch das geradebiegen kann.

Und so sind wir schon nach drei Monaten in Südafrika und nach dem Kennenlernen der halben Belegschaft unseres Telkom-Shops wieder online. Unsere neuen Freunde in Johannesburg applaudieren und beteuern uns, das sei ein neuer Rekord.

Das Seltsame an Südafrika ist, dass man alles kriegen kann. Kabelloses ADSL, Sauerkirschen, Marroni, Schmuck von Thomas Sabo, Minotti-Sofas, das neuste Mobil-Telefon. Die Infrastruktur ist top, jedenfalls in den Kerngebieten. Aber leider kommt immer wieder etwas dazwischen: Streiks, misslungene Lieferungen, ein lustloser Verkäufer. So einfach fällt einem hier nichts in den Schoss.

Beim Nachtessen und nachdem die Kinder im Bett sind, erzähle ich Lukas jeweils von meinen Anstrengungen und Frustrationen. Erwartungsgemäss kann er mithalten, ja sie oft sogar übertrumpfen mit den Geschichten aus seinem Büroalltag.

KehlTech, die Firma für die Lukas arbeitet, verkauft und produziert Maschinen und Anlagen für die Lebensmittelherstellung und -verarbeitung. Es ist eine typisch schweizerische Industriefirma, die Qualität liefert und daher Marktführerin in ihrer Branche ist.

Die KehlTech Anlagen können offenbar auch in den ärmsten und abgelegensten Gegenden der Welt gefunden werden, weil auch dort Lebensmittel verarbeitet werden müssen. Gerade dort, so scheint es, leben die Maschinen oft bedeutend länger als ihre Käufer.

Als Nachfolger von Urs übernimmt Lukas die Leitung der südafrikanischen Niederlassung in Johannesburg, von wo aus das ganze südliche Afrika bedient wird. KehlTech Johannesburg besteht aus einem mittelgrossen Bürobetrieb und dem sogenannten *workshop*, wo verschiedene Maschinen produziert werden. Dort arbeiten über 100 Schlosser, Schweisser und Spengler. Sie strömen morgens sehr früh aus verschiedenen Himmelsrichtungen in Taxis zur Arbeit, essen am Mittag in der Kantine das typische südafrikanische Gericht *pap 'n' gravy*, also Maismehlbrei mit Sauce, und hinterlassen am späteren Nachmittag das Fabrikgelände wieder still und leer.

Die Löhne dieser meist schwarzen Arbeiter werden von den Metallarbeiter-Gewerkschaften ausgehandelt. In diesem Jahr sind die Verhandlungen, wie üblich, nicht gemäss den Vorstellungen der Gewerkschaften verlaufen, weshalb vor zwei Wochen gestreikt wurde.

Die Arbeiter, die keineswegs - oder zumindest nicht zwingend - etwas gegen ihren Arbeitgeber KehlTech haben, mussten beim Streik der Gewerkschaften ausnahmslos mitmachen. Streikbrecher werden in Südafrika nicht gerade zimperlich behandelt. Jeden Tag kann in den Nachrichten verfolgt werden, wie Streikbrecher umgebracht werden. Eine besonders beliebte Form ist es offenbar, sie aus einem fahrenden Zug zu stossen.

Der Streik war also angesagt, die Firma und ihre Kunden konnten sich darauf einstellen und die nötigen Massnahmen ergreifen. Das Management und auch die Kunden seufzten und zuckten mit den Schultern - so ist das hier halt nun mal. Man arrangiert sich, und nach dem Streik wird die Arbeit da wieder aufgenommen, wo sie vorher unterbrochen worden ist.

Wie bei ihren Kunden ist auch bei KehlTech das Management mehrheitlich weiss mit einer Prise indisch. Der Streik der Metallarbeiter geht sie nichts an, für sie geht die Arbeit weiter wie bisher.

In der Firma kann beobachtet werden, wie die einzelnen Nationalitäten bzw. Rassen klüngeln: Schwarze bleiben unter sich, Inder bilden kleine Grüppchen, afrikaans-sprechende Mitarbeiter suchen sich Kollegen gleicher Muttersprache und die Schweizer, von denen es eine ganze Anzahl hat, haben eine Clique gebildet, die sich auch in der Freizeit mit den Familien trifft.

Im geschäftlichen Umfeld und in der Zusammenarbeit mit Kunden findet Lukas, dass es keine spürbaren Unterschiede zwischen südafrikanischen und europäisch-amerikanischen Gepflogenheiten gibt. Eigentlich hatte er erwartet, dass hier auf Pünktlichkeit keinen grossen Wert gelegt wird. Doch dieses Vorurteil hat sich nicht bewahrheitet, sogar wir Schweizer können uns über mangelnde Pünktlichkeit nicht beklagen. Ein Unterschied im Vergleich zu Europa vor allem, aber auch zu Amerika ist Lukas hingegen aufgefallen: In Südafrika kleiden sich die Geschäftsleute bedeutend lockerer. Mein Mann hat nichts dagegen einzuwenden.

Einen grösseren Unterschied erfährt Lukas dahingehend, dass in Südafrika viel mehr improvisiert werden muss als man sich von Europa gewöhnt ist. Der Streik der Metallarbeiter zum Beispiel brachte mit sich, dass die Produktions- und Lieferungspläne überdacht und angepasst werden mussten. Flexibilität ist nicht nur ein Schlagwort, sondern Alltagsnotwendigkeit. *„Maak 'n plan"* ist der dafür gängige Ausdruck, der von allen verstanden und in fast jeder Lebenslage gebraucht wird.

Auch bei „exotischeren" Problemen wie zum Beispiel Treibstoffknappheit. In Malawi, einem Land nord-östlich von Südafrika, baute KehlTech eine neue Anlage. Das Steuerungssystem hätte Anfang März mit South African Airlines nach Malawi geflogen werden sollen. Doch der Flug wurde abgesagt, weil zum geplanten Zeitpunkt im Zielland eine Benzinknappheit herrschte. South African Airlines befürchtete, dass ihr Flugzeug in Malawi nicht auftanken und somit für unbestimmte Zeit am Boden festsitzen würde. Der KehlTech-Kunde in Malawi fluchte und zeterte, die KehlTech-Monteure vor Ort riefen konsterniert an, weil sie mit ihrer Arbeit nicht mehr weiterfahren konnten. Krisenstimmung allerorten. Nichtstun kostete

Geld, weil die Arbeiter nicht beschäftigt waren und dennoch bezahlt werden mussten. Eine neue Lösung kostete ebenfalls Geld - was war einfacher und billiger? Verschiedene Lösungen wurden eiligst beraten und verworfen, und nach längerem Hin und Her fand man einen Piloten, der den Flug nach Malawi wagte, und mit einer gecharterten Cessna konnte die elektronische Steuerung sicher ins Bestimmungsland geliefert werden.

Doch Lukas' Arbeit brachte nicht nur unangenehme, sondern manchmal auch amüsante Überraschungen mit sich. Eine seiner ersten Reisen zu Kunden zum Beispiel führte ihn nach Madagaskar, wo KehlTech nun eine grosse Anlage zur Nahrungsherstellung baut. Der Auftraggeber des Projekts ist der madagassische Präsident, der vor seiner Wahl ein ausserordentlich erfolgreicher Geschäftsmann war. Er hat einen eigenen Nahrungsmittelkonzern aufgebaut. Nach seiner Wahl zum Staatspräsidenten hat er die Firma seiner Frau und seinen Kindern überschrieben, doch es ist unübersehbar, dass er nach wie vor die Fäden zieht im Geschäft, was beispielsweise durch sein Engagement für die neue Anlage deutlich wird. Für den Flug von der madagassischen Hauptstadt Antananarivo zur Baustelle in einer rund 300 km entfernten Kleinstadt stellte er der KehlTech-Delegation das firmeneigene Flugzeug zur Verfügung. Diese staunte jedoch nicht schlecht, als sie am Zielort von der gesamten Flughafen-Belegschaft begrüsst wurde, die zum Salut Spalier standen. Das Flughafenmanagement hatte angenommen, dass der Präsident persönlich in seiner Maschine ankommen würde.

Andere Länder, andere Sitten: Das fällt mir auch in meinem „Job“ auf. Bei meinen Einkaufsausflügen kann mir nicht verborgen bleiben, dass Ostern vor der Türe steht. Wie andernorts auch, türmen sich Ostereier und -hasen in den Regalen, und der Einkauf im Supermarkt gewinnt an Spannung, weil es viel Geschick braucht, um den Einkaufswagen durch die zusätzlichen Hindernisse zu steuern.

Das südafrikanische Osterangebot muss ich jedoch genau unter die Lupe nehmen, es unterscheidet sich wesentlich von den mir bekannten Schokoladehasen und Pralineneiern. Die Osterhasen zum Beispiel sind in Südafrika in farbiges Aluminiumpapier verpackt und kommen viel bunter daher als ihre schweizerischen Kollegen, die freizügig ihr braun-schwarz-weisses Schokoladefell zeigen. Pralineneier sind praktisch unbekannt, nur bei Woolworths sieht man eine kleinere Variante. Interessant sind jedoch die mir unbekannten Produkte: Zum Beispiel südafrikanische Schokolade-Ostereier. Die bestehen aus einer *Marshmallow*-Füllung in weiss und gelb mit dünnem Schokoladeüberzug - meiner Meinung nach sind sie essbar, aber in meiner Familie teilen nicht alle mein Urteil... Dabei kann man diese Schokolade-Eier nur entweder einzeln lose oder in einer Schachtel mit 40 Stück kaufen. Das muss bedeuten, dass die Südafrikaner sie lieben.

In den Osterregalen wird man auch von einer rosaroten Abteilung geblendet: Osterleckereien in den Barbie-Farben. Selbstverständlich gibt es das Pendant für Jungs, mit Osterhasen und Ostereiern im Spiderman-Look. Ich bin ganz zufrieden damit, dass Tim bis jetzt noch keine Ahnung hat, wer Spiderman ist und was der so macht. Kommt bestimmt noch früh genug.

Da wir erst seit ein paar Tagen im neuen Haus wohnen, lasse ich die Osterdekorationen im Karton. In der immer noch beträchtlichen Unordnung würden sie sowieso nicht zur Geltung kommen, und ausserdem habe ich keine Geduld, Zweige zu arrangieren und zerbrechliche ausgeblasene Eier daran zu befestigen. Aber eine Tradition will ich mir nicht nehmen lassen: Ostereier zu bemalen. Tim ist alt genug, dass er mitmachen kann. Ich stelle mir das ganz hübsch und idyllisch vor, wie wir zusammen am Küchentisch sitzen und die Ostereier färben und über den Osterhasen reden, der durchs grüne Gras und über Margeriten hoppelt und die Kinder besucht...

Die Vorbereitungen für diesen Anlass stellen sich aber leider wieder einmal als viel schwieriger heraus als gedacht. Erstens finde ich keine Ostereier-Farben. Keine Stifte, keine Färbemittel, keine Marmoriersets, einfach nichts. Ein Anruf bei Petra, die über Haushalt und Einkaufen alles weiss, was es zu wissen gibt, bestätigt meine Beobachtung: Das gibt es in Südafrika nicht. Petra kennt aber einen deutschen Metzger, der Farben im Angebot führt. Leider ist sein Geschäft in der Nähe vom Flughafen, und ich habe keine Lust, 90 Minuten durch die Gegend zu fahren. Zumal gemäss Petra nicht sicher ist, dass die Farbe nicht ausverkauft ist. Mir fällt aber ein, dass man ganz hübsche Eier färben kann mit einem Zwiebelschalen-Sud. Zum Glück erwähne ich das im Telefongespräch mit Petra, denn die winkt gleich ab: „Kannst Du vergessen, in Südafrika gibt es nur braune Eier."

Echt? Ich kontrolliere meinen Kühlschrank: Tatsächlich, sechs braune Eier liegen unschuldig in ihrem Karton. Kein weisses in Sicht. Tja, wir sind halt in Afrika.

Bleibt noch Rote Beete, das angeblich verschiedene Rot- und Rosatöne auf die Eierschalen zaubern kann. Meine Eier lassen sich jedoch vom Rote-Beete-Aufguss nicht beeindrucken, sie erröten kein bisschen während der normalen Kochdauer.

Da greifen Tim und ich halt zu den Filzstiften. Ehrensache, dass wir, um dem Osterhasen unter die Arme zu greifen und bei der Arbeit zu helfen, auch farbige Finger in Kauf nehmen.

Der Osterhase hat in Südafrika schliesslich einen bedeutend schwierigeren Job als in Europa: Er muss die Schokoladen-Eier und -Hasen strategisch so verstecken, dass sie nicht an der Sonne schmelzen können. Und er muss sicherstellen, dass am Ostersonntag die Bewässerung im Garten ausgeschaltet bleibt. Der an diesem Sonntag aus der Schweiz angereiste Osterhase hat diesbezüglich noch keine Erfahrung. Im nächsten Jahr wird er es garantiert besser machen.

5

Die Südafrikaner sind ein freundliches und fröhliches Volk. Das liest man in jedem Reiseführer, es steht auch als Bildunterschrift unter Fotos von strahlendem Lächeln mit schneeweissen Zähnen in braunen Gesichtern: So wird man in Afrika angestrahlt. Schön wär's.

Die Erfahrung hat mir gezeigt, dass ich sehr wohl ein aufrichtiges - und strahlendes - Lächeln kriege, doch oft setzt das harte Arbeit voraus. Gerade Verkäuferinnen hängen oft unerträglich träge herum oder schleppen sich im Tempo des Aletsch-Gletschers durch ihren Tag.

Um zu ergattern was auf meinem Einkaufszettel und/oder meiner To-Do-Liste steht brauche, heisst es oft: lächeln, freundlich sein, am besten eine humorvolle Bemerkung machen. Dann geht die Sonne auf im Gesicht meines Gegenübers und das blitzende Lächeln erscheint.

Das zeigt sich insbesondere beim Einkaufen. Ein typisch südafrikanisches Einkaufserlebnis geht so: Nach einer grösseren Wühlaktion finde ich bei Mr Price, der südafrikanischen Antwort auf H&M, ein süsses T-Shirt für Max. Sicherheitshalber prüfe ich es mit der Lupe auf Flecken und Löcher, alles schon da gewesen, um dann meinen Fund zur Kasse zu bringen. Allerdings geht das nur über den Umweg einer längeren Warteschlange, in der die Kunden mehr oder weniger geduldig anstehen. Wer nun denkt, bei einem Geschäft mit dem Namen „Mr Price" werde am Personal gespart, liegt nicht ganz richtig. Die Angestellten, leicht erkennbar an ihren roten Hemden und Käppis, sind in genügender Anzahl vorhanden. Aber sie haben keine Lust, sich mit den Kunden zu beschäftigen. Also stehen sie zu fünft hinter der Theke und palavern, während ein einziger Kollege in einer beeindruckenden Kopie von Zeitlupe einscannt und einkassiert. In der Warteschlange wird gezischt und getänzelt, zur offenen Meuterei kommt es jedoch nie.

Als ich endlich an der Reihe bin, greift der Kassierer zum T-Shirt und nuschelt in Richtung Kasse *„Hällouhaurjü"*. Anfangs war ich mir beim Einkaufen nicht sicher, ob die Kasse auf akustische Signale reagiert. Als mir klar wurde, dass die Anrede an mich gerichtet ist, konnte ich nicht verstehen, was diese zu bedeuten hatte. Und als ich endlich des Rätsels Lösung fand - *Hello, how are you*? = Hallo, wie geht's? - war ich unsicher, was ich zu antworten hatte: Danke der Nachfrage, bin heute ein wenig müde? Könnte besser gehen? Blendend? Oder wurde ein längerer Monolog über meine entzündeten Achilles-Sehnen erwartet, war das der Grund für das langsame Tempo?

Eine Weile versuchte ich, der Frage zu entkommen, indem ich sie in Windeseile als erste zu stellen versuchte. War nicht ganz einfach, und der Erfolg mässig. Dann sagte ich einige Male einfach nichts. Das funktionierte, aber ich fühlte mich schlecht dabei. In der Zwischenzeit machte ich, was ich gelernt habe: die Einheimischen beobachten. Und fand die perfekte Lösung: „*Fine and you*?" ist nun die Antwort meiner Wahl, also: „Mir geht's gut und ihnen?" Lustigerweise ist dies eine Floskel, die in Südafrika wortgenau so eingehalten wird. Fast nie heisst es „*I'm well*", immer schön „*I'm fine*". Das ist eine so gebräuchliche Floskel, dass es mir auch schon passiert ist, dass ich nur „*Hello*" sagte, und schon ein „*Fine, and you*?" erntete, ohne die entsprechende Frage gestellt zu haben.

Weniger schwierig zu entschlüsseln als die Begrüssungsform ist die Verabschiedungsform, denn die ist nichtexistent. Während jede Verkäuferin in der Schweiz vor ihrer Kundin „Auf Wiedersehen und danke" sagt, ernte ich in Südafrika auf mein „*bye-bye*" nur blankes Staunen, weshalb ich es mittlerweile einfach bleiben lasse.

Allerdings fällt mir das auch nicht einfach. Es erinnert mich ein wenig an die Zeit im Büro in der Schweiz, wenn ich meistens gutgelaunt durch die Gänge ging und mir eine bestimmte Kollegin meist griesgrämig entgegenkam und nicht oder kaum grüsste. Weil ich mich darüber, ehrlich gesagt, ein bisschen ärgerte, wollte ich mich zwingen, sie einfach mal nicht zuerst zu grüssen, sondern ihren Gruss abzuwarten. Habe ich kaum je geschafft. Offenbar kann man wirklich schlecht aus seiner Haut schlüpfen.

Aber nun kann ich ja meine Fragen zur südafrikanischen Lebensart einer Einheimischen stellen: Clara, unserer Maid. Sie ist in vielen Aspekten eine typische Südafrikanerin, nur schon im Aussehen: Ihr Teint ist haselnussbraun mit dunklen Pigmentflecken, ihre Nase ziemlich breit, die Haare trägt sie sehr kurz, in eng am Kopf geflochtenen Zöpfchen, und obwohl sie recht schlank ist, sind ihre Hüften eher ausladend.

Noch weiss ich nicht sehr viel über sie, nur dass sie während zehn Jahren für Carmen und Urs gearbeitet hat, dass ihre Familie in einem ländlichen Gebiet in der Nähe von Kapstadt wohnt und dass ihre verwitwete Mutter dem Stamm der Xhosa (ausgesprochen: „Khosa“) angehört. Claras Sohn, ein Teenager, der noch zur Schule geht, wohnt bei seiner Grossmutter und wird von ihr aufgezogen. Über seinen Vater spricht Clara nie, und obwohl ich zugegebenermassen sehr neugierig bin, würde ich es nicht wagen, nach ihm zu fragen.

Abgesehen von Hausfrauen hat Clara einen der kürzesten Arbeitswege der Welt, nämlich nur ein paar Meter durch unseren Garten, durch die Terrassentür, und schon fängt sie mit scheuem Lächeln ihre Arbeit an. Seit wir statt einem Umzugschaos einen nennenswerten Haushalt haben, führt sie denselbigen mit grosser Umsicht und Sorgfalt.

Bevor wir nach Südafrika zogen, habe ich mich natürlich ganz toll darüber gefreut, dass uns in Zukunft jemand die Arbeit im Haushalt erledigen wird. Gebügelte Blusen, einfach in den Schrank geliefert! Die Küche im sonntagabendlichen Chaos erfordert keinen Einsatz mehr! Der Boden unter Tims Hochstuhl muss nicht mehr mit Hammer und Spachtel bearbeitet werden, weil Cornflakes trümmerhart eingetrocknet sind! Keine Diskussionen - na gut, Streit - mehr darüber, ob die gläserne Duschwand nach jeder Dusche mit dem Schaber abgezogen werden muss!

Nichtsdestotrotz hatte ich auch einige Bedenken bezüglich Hausangestellter, genau genommen drei:

Erstens hatte ich mir vorgestellt, dass ich morgens mit der Maid einen Tagesplan aufstellen müsste. So im Stil: „Heute müssen noch die Vorhänge abgestaubt und die Garage entkalkt werden", und davor hat es mir immer ein wenig gegraut. Aus meiner Erfahrung mit Boutique-Verkäuferinnen weiss ich, dass ich nicht besonders toll bin, wenn es darum geht, jemanden, auch wenn er angestellt ist, mit einer Bitte zu behelligen...

Meine Sorgen haben sich aber erübrigt, Clara ist eindeutig ein „alter Hase“ in Sachen Haushalt und hat die Sache in die Hand genommen. Bis jetzt musste ich nur entscheiden, an welchen Wochentagen sie die Wäsche erledigen soll, wobei ich ihrem Vorschlag, diese montags und donnerstags zu waschen, folgen konnte. Ansonsten läuft im Haus alles wie geschmiert. Wunderbar.

Bei meinem zweiten Bedenken ging es um die Ungewissheit, wie es sich lebt, wenn man nicht allein zu Hause ist. Wenn immer noch ein Nicht-Familienmitglied im Hintergrund präsent ist. Ehrlich gesagt fand ich das in den ersten Tagen schon recht unangenehm. Clara kommt zwar mit Empfehlung, aber sie ist eine Fremde für mich. Ich fand es ziemlich anstrengend, das Gefühl zu haben, mit einer eigentlich unbekannten Person Konversation führen zu müssen in meiner eigenen Küche. Zum Glück dauerte es einige Tage, bis ich das neue Haus als „mein Haus“ empfand, und bis dahin war mir Clara auch nicht mehr so fremd. So langsam habe ich mich an die Situation gewöhnt - alles hat halt Vor- und Nachteile. Aber wenn uns Clara nachmittags um fünf verlässt, bin ich nicht unglücklich darüber, für ein paar Stunden das Haus nur mit meiner Familie zu teilen.

Und dann war da mein drittes Fragezeichen: Wie ist es, wenn ein Nicht-Familienmitglied im Haus ist, das zudem noch arbeitet? Dieser Zwiespalt resultiert aus einer frühkindlichen Prägung, wie ein Psychiater mir sicher attestieren würde. Bei uns zu Hause durfte man sich nie im Zimmer auf dem Boden fläzen und Musik hören während Mama oder Papa etwas für einen erledigte. Reparierte mein Papa zum Beispiel mein Fahrrad, so musste ich daneben stehen und mindestens kleinere Handreichungen vornehmen.

Daher habe ich nun eine Art psychologisches Problem, wenn jemandem in meiner Umgebung arbeitet und ich mich ausruhe. Dafür kann ich aber zum Beispiel prima Fahrräder flicken und Autoreifen wechseln.

Also: Kann ich tagsüber zum Beispiel etwas Schlaf nachholen, wenn ich in der Nacht mit Max Schäfchen zählen musste? Oder fühlt sich das dekadent an?

Die Frage kann zur Zeit noch nicht beantwortet werden weil ich keine freie Zeit habe.

Es gibt tausend Dinge im neuen Haus, die ich selber machen oder besorgen muss. Der Tag hat viel zu wenig Stunden für alles, was ich erledigen muss oder möchte!

Insbesondere die Besorgungen sind sehr zeitaufwändig, weil ich nicht genau weiss, wo ich was finden kann. Brauche ich zum Beispiel ein Verlängerungskabel, so versuche ich es beim nächsten Pick'n'Pay. Der hat vielleicht grundsätzlich Verlängerungskabel, aber momentan sind sie gerade ausverkauft. Also stellt sich die Frage, wo es ein solches Kabel mit Sicherheit geben könnte? Vielleicht im Baumarkt? Der ist dann aber weiter entfernt von uns, vielleicht 15 Minuten Fahrt.

Mit solchen Besorgungen ist mein Morgen im Nu verflogen und die Jungs sind schon wieder mit knurrendem Magen zurück von der Krippe, während ich noch die Hälfte meiner Einkaufsliste auf einen neuen Zettel kopiere und mir nachmittags Gedanken darüber mache, auf welche Tour ich am nächsten Tag gehen werde.

Momentan habe ich also noch keine Zeit für Kaffeeklatsch mit Lee-Anne, Petra und Sonia, die drei Ehefrauen von KehlTech-Mitarbeitern, die ich an der Party von Carmen und Urs getroffen habe. Sie haben mich alle schon angerufen, doch ich musste sie auf die nächsten Wochen vertrösten. Erst müssen wir uns im Chaos einen Überblick verschaffen.

Das erste Wochenende im neuen Haus verbringen wir in unseren ältesten Kleidern, schwitzend und schuftend. Noch immer gibt es genügend Arbeit für uns beide: Bücher im Büchergestell ordnen, Bilder suchen und aufhängen, neue Einkaufslisten schreiben, Max bei Laune halten.

Bei einem Spaziergang am Golfplatz werfen wir neidische Blicke auf all die sommerlich gekleideten Familien, die sich rund um das weisse Clubhaus vergnügen. Dort wird auf der Terrasse unter Sonnenschirmen das Mittagsbuffet geplündert, Kinder springen auf der Hüpfburg oder rollen mit ihren schwarzen Plastik-Rollern den Rasenabhang herunter, Papis üben sich konzentriert im Einlochen auf dem Putting-Grün.

Das wollen wir auch endlich wieder einmal, ein unbeschwertes Wochenende zu Hause. Nach mehr als acht Wochen Provisorien und Umzug von einem Kontinent zum anderen sind wir die ganze Plackerei langsam leid.

Meine Einkaufsfahrten erledige ich jetzt übrigens in Carmens altem Auto, eigentlich einem Geschäftsauto von KehlTech, das ich „geerbt" habe. Da gibt es vor allem eins zu sagen: es ist so GROSS. So breit und lang, dass ich kein Gefühl dafür habe, wo es anfängt und aufhört. Und ich throne vorne, wie der Kapitän auf einem Hochseetanker, nur ohne ersten Offizier und vor allem ohne Lotsenboot.

Am besten versuche ich, mein neues Auto vorerst möglichst fern von allen anderen Objekten zu halten. Dass dies nicht immer gelingt, zeigen die Beulen und Kratzer an allen vier Ecken deutlich - schon Carmen hatte also mit der Tücke des Objekts zu kämpfen. Im Verkehr eröffnet er zwar einen wunderbaren Überblick, weil ich so hoch sitze, doch beim Parken bringt mich der Wagen jeweils ins Schwitzen. Vor allem wenn es darum geht, ihn in die Garage zu stellen. Denn die scheint plötzlich geschrumpft zu sein, sie ist nur ganz knapp länger als das neue Auto (ehrlich!) und die Garageneinfahrt zieht sich immer rasch zusammen, wenn ich versuche, hineinzufahren. Geschieht ihr also recht, dass sie von den Seitenspiegeln schon ein paar Furchen abgekriegt hat, das unloyale Biest!

Wo ich vorher die Parkwächter und ihre Einparkhilfestellung ein bisschen belächelt habe, nehme ich ihre Dienste jetzt gerne in Anspruch. Manchmal träume ich sogar davon, meinen eigenen Parkwächter anzustellen.

Abgesehen von der etwas feindselig gestimmten Garage habe ich übrigens grosse Freude an unserem neuen Haus. Es ist so sonnig (na gut, das ist nicht sein Verdienst, die Sonne scheint einfach immer - wer hätte das gedacht, nach unseren Erfahrungen im Januar?!) und geräumig.

Für die Verhältnisse der kleinen privilegierten Schicht in Südafrika haben wir zwar wenige Badezimmer, nur drei, und nicht übermässig viele Schlafzimmer, nur vier, aber für unsere Verhältnisse ist das Haus riesig und absolut luxuriös!

Der *Masterbedroom* zum Beispiel, also Lukas' und mein Gemach, wird durch eine Kleiderkammer und ein riesiges Bad mit Sprudelwanne und Doppeldusche ergänzt. Und separatem Klo mit Bidet. Zusammen mit dem Büroraum, der durch eine Flügeltür verbunden ist, besetzt er den ganzen ersten Stock unseres L-förmigen Hauses. Ich liege sicher nicht fest daneben, wenn ich behaupte, dass diese Etage die Ausmasse einer grosszügigen 2.5-Zimmer-Wohnung in der Schweiz hat.

Das Gästezimmer hat ein eigenes *en suite*-Badezimmer, und in Tims Kinderzimmer könnte man wahrscheinlich die Hälfte seiner Krippenfreunde bequem unterbringen.

Unsere Küche ist in etwa so lang wie unser ganzes Haus in der Schweiz, und das Geschirr, um die vielen Schränke zu füllen, müssen wir uns erst noch besorgen. Die Küche hat eine Insel und ist ansonsten offen zum sogenannten *Family Room*, also was unsereiner als Wohnzimmer bezeichnen würde. Nur dass es hier noch ein separates Wohnzimmer gibt. So zu sagen „für schön". Ah ja, und ein Esszimmer haben wir natürlich auch noch, es ist vom *Family Room* halb abgetrennt und wird von uns im Alltag nicht benützt, weil wir an der Kochinsel noch einen familientauglichen Tisch haben, der für uns vier reicht und näher beim Kühlschrank steht.

Bei den südafrikanischen Temperaturen ist natürlich die Terrasse sehr verlockend, hier *Patio* genannt. Unsere wird momentan von Kram in Anspruch genommen, den wir noch verstauen müssen. Aber sie ist geräumig genug für eine Polstergruppe und einen hölzernen Esstisch, an dem bis zu zwölf Gäste bequem essen können. Beides haben wir bestellt, es sollte bald geliefert werden.

Und hier endet diese Hausbesichtigung, vor dem Pool. Der· natürlicherweise eine sanft hellblaue Färbung hat, die aber in den letzten drei Tagen ins Grünliche geschwenkt ist. Insbesondere auf der grossen Stufe im Pool laufen gerade biologische Vorgänge. Wahrscheinlich wiederholt sich hier die Evolution, wenn ich nicht bald mit Chemie einfahre. Wenn ich denn wüsste, wie.

Lizette, die mir aus einem anderen Grund nachmittags telefoniert, eignet sich bestens als Auskunftsperson für diese Art von Problem. Sie setzt gleich zu einer längeren Erklärung an:

„Also, für diesen Garten brauchen Sie einen *Garden-Pool-Service* oder sonst einen Gärtner. Mein *garden boy* ist wirklich sehr gut, denn er macht ganz viel: Er mäht den Rasen und schneidet die Rosen und erledigt alles im Garten und reinigt den Pool, und ausserdem putzt er auch mein Auto und macht kleinere Hausarbeiten wie malen oder die Fenster im ersten Stock mit der Leiter putzen. Wichtig ist natürlich, dass er nicht stiehlt. Ein Garden-Pool-Service ist aber auch sehr praktisch, die kennen sich im Garten ganz toll aus und mit dem Pool. Ausserdem haben sie eine professionelle Ausrüstung. Und weil sie mit mehreren Männern anrücken, brauchen sie nur 1-2 Stunden, bis alles tiptop gepflegt ist."

Wie man den Pool in Schuss hält, weiss sie auch nicht.

Ich entscheide mich für einen Garden-Pool-Service, nur schon weil ich gar nicht wüsste, woher ich einen vertrauenswürdigen Gärtner kriegen könnte.

So ein Pool im Garten ist sicher etwas Herrliches, wenn das Wetter mitspielt. Momentan ist es Herbst in Johannesburg, das heisst, dass es am Tag leicht über 20 Grad hat, doch nachts kühlt es ab. Das genügt nicht, um unseren Pool auf angenehme Temperaturen zu bringen, deshalb haben wir bis jetzt nur mal kurz die grosse Zehe ins Wasser gehalten und uns demonstrativ vor Kälte geschüttelt.

Immerhin ist er schön anzugucken. Aber auch eine Gefahr für Kleinkinder. Ertrinken ist die meistverbreitete Todesursache bei Kindern der südafrikanischen Mittel- und Oberschicht. In der Zeitung habe ich gelesen, dass im Sommer in Johannesburg bis zu drei Kinder pro Woche ertrinken, und dass auf jedes ertrunkene Kind zwei kommen, die bleibende Hirnschäden davontragen. Das muss man sich einmal vorstellen!

Um die Kinder zu schützen, gibt es vor allem zwei Möglichkeiten: Entweder einen Zaun um den Pool, oder ein Netz darüber. Dieses wird durch einen Schwimmer in der Mitte des Pools unterstützt und am Rand mit Metallhaken befestigt. Das Netz muss so gespannt sein, dass ein Kind nicht mit dem Wasser in Berührung kommt, wenn es auf das Netz fällt.

Lukas und ich haben so unsere Zweifel daran, dass unser Netz genügend straff dafür ist, doch das Ärgste kann es sicher verhindern. Weil wir einen Heidenrespekt vor der Gefahr haben, bleibt unser Pool nie ohne Netz.

Neben Ein- und Aufräumen ist Einkaufen zurzeit meine häufigste Beschäftigung. Meine Einkaufstouren führten mich schon in verschiedene *shopping malls*, immer auf der Suche nach einem bestimmten Produkt, und ich konnte mir einen bescheidenen Überblick verschaffen.

Bei den Lebensmitteln gibt es mindestens drei grosse Ketten: Pick'n'Pay, Spar und Checkers. Alle führen Produkte von manchen Marken, die ich kenne, aber auch viele Eigenprodukte.

Momentan brauche ich noch sehr viel Zeit, wenn ich etwas Bestimmtes finden soll, z.B. Fleischbrühe. Ich wandle durch die Gänge und studiere das Angebot, weiss nicht genau, wie mein Produkt aussieht, und sehe so viele andere interessante Lebensmittel, dass ich mich ohne Einkaufszettel nicht mehr erinnern könnte, was ich denn eigentlich ursprünglich suchte. Ich würde den Wald vor lauter Bäumen nicht mehr sehen!

Manchmal stimmt meine eigene Logik aber auch einfach nicht mit den Geschäften überein; Griess habe ich zum Beispiel bei der Pasta entdeckt, nicht beim Mehl, wo ich gesucht habe.

Und tagelang habe ich mich in Supermarkten nach Bier umgesehen. Doch aus unerfindlichen Gründen kann man dort zwar Wein, nicht aber Bier kaufen. Dafür muss man in den *Liquor Store* gehen.

Bei den Kleidern und Warenhäusern ist es ähnlich wie bei den Lebensmitteln, auch dort findet man in praktisch jeder *mall* ein Geschäft einer Kette, z.B. Woolworths, Edgar's, Foschini, Trueworth und Mr Price. Noch stört mich der Mangel an Geschäften mit einzigartigem Angebot nicht, weil sowieso alles neu ist für mich.

Wenn es um Möbel und Inneneinrichtung geht, dann ist die Auswahl hingegen gewaltig. Da mir der exotisch-afrikanisch-asiatische Stil sehr gefällt, sind die Geschäfte hier wahre Fundgruben.

Viele Produkte sind mit einer südafrikanischen Flagge und dem Spruch *„Proudly South African"* angeschrieben, was bedeutet, dass sie in Südafrika hergestellt wurden - und das *proudly* steht für den Stolz, den die Südafrikaner auf ihr Land und ihre Produkte haben. Mir gefällt diese Haltung sehr. Mit dem Spruch *„local is lekker"* werden die Kunden zudem dazu angehalten, die südafrikanischen Produkte zu wählen. Das macht nicht nur ökonomisch, sondern auch ökologisch sehr viel Sinn.

Überhaupt macht mir das Einkaufen in Südafrika viel Spass. Manche der *shopping malls* in Johannesburg sind architektonisch grosse Klasse. Gebäude wie der Cedar Square oder das Design Quarter würde man auch in Berlin oder London gerne besuchen.

Zwar sind ist das Verkaufspersonal nicht immer sehr hilfreich, weil ihnen entweder die Lust oder das Know-How fehlt, doch dafür darf man immer sehr ungestört stöbern. Hier gibt es kaum schuhschachtelgrosse Boutiquen, in die ich mich nie traue, weil ich Angst habe, dass mir von der dort lauernden Verkäuferin der Rückweg abgeschnitten wird.

Und die Preise sind in Südafrika im Allgemeinen ebenfalls sehr angenehm, sprich wesentlich tiefer als in der Schweiz.

Ich freue mich schon auf den Augenblick, wenn ich durch die Geschäfte bummeln kann, statt wie momentan mit einem permanent auf meinen Einkaufszettel gesenkten Blick durch den Laden hindurchzumarschieren!

6

Vor ein paar Jahren habe ich einmal von einer psychologischen Studie gelesen. Leider habe ich nicht mehr alles im Kopf, aber die Ausgangslage war in etwa so:

Die Versuchsteilnehmer wurden vor die folgende Wahl gestellt: Wollten sie lieber 100'000 verdienen, wenn ihre Freunde und Nachbarn ebenfalls 100'000 verdienten? Oder hätten sie lieber 80'000, wenn das Einkommen ihrer Freunde und Nachbarn nur 50'000 wäre? Erstaunlicherweise entschied sich der Grossteil der befragten Leute für die zweite Variante.

Die Leute waren zufrieden mit weniger Geld, wenn sie nur mehr verdienten als ihr Umfeld! Schon damals schüttelte ich den Kopf über dieses Resultat, deshalb ist es mir auch in Erinnerung geblieben.

In den letzten Wochen lebte ich nun den Wunschtraum dieser Probanden. In der Schweiz hatten wir zur Mittelklasse gehört, hier stiegen wir in eine höhere Liga auf, wohnen in einem grossen Haus, fahren zwei grosse Autos, leisten uns eine Hausangestellte und eine Privatschule.

Die Mehrzahl der Südafrikaner lebt aber in einer anderen Realität. Nämlich in einer, in der man kilometerweise zu Fuss geht, weil die Taxis vollbesetzt sind. In der man zufrieden ist, wenn man in einem Haus mit nur einem Zimmer wohnt, wenn es zumindest Strom und Wasser und eine Toilette hat. In einer Welt, in der man froh ist, wenn die Schule für die Kinder einen einigermassen geordneten Unterricht bietet. In der man sich glücklich zählt, wenn einer aus der Familie eine Arbeitsstelle hat. In der man sich den Kopf zerbricht darüber, wie man sich neue Winterschuhe für die Kinder leisten soll.

Nur wenige Kilometer von Dainfern entfernt, auf dem Weg zur Autobahn, fährt man entlang einer zum *township* Diepsloot gehörenden Hüttensiedlung, hier *squatter camp* genannt. Dort hausen die Menschen in Hütten aus Wellblech oder aus dem Material, welches sie gerade gefunden haben. Es hat keine Strassen zwischen den Hütten, sondern Matschwege. Ein Slum, wie wir ihn uns vorstellen.

Unterwegs auf Johannesburgs Strassen überhole ich viele dieser Menschen. Vor allem wenn ich Mütter zu Fuss sehe, die kleine Kinder auf dem Rücken tragen, blutet mir das Herz, diese Menschen nicht mitnehmen zu können und ihnen damit das Leben zu erleichtern – ich mit meinem grossen Auto!

Doch leider ist das ganz ausgeschlossen, weil die Kriminalität zu hoch und die Gefahr, dass ich überfallen und ausgeraubt würde, zu gross ist.

Dasselbe gilt für die blinden Bettler oder diejenigen an Krücken oder in Rollstühlen. Wollte ich ihnen etwas zustecken, so müsste ich das Autofenster öffnen. Damit würde ich angreifbar. Nicht dass jeder Bettler Schlechtes im Sinn hat... aber nicht jeder Bettler oder Strassenverkäufer ist ein netter Kerl. Ich muss mir angewöhnen, dass ich nicht von allen Menschen das Beste denken darf.

Diese Situation macht mir sehr zu schaffen. Ich fühle mich ausbeuterisch, sklaventreiberisch, rassistisch (den Strassen entlang gehen nur schwarze Menschen), asozial, ein richtiger Lump.

Ich treffe mich mit Sonia und spreche dieses Gefühl an. Sie setzt die Kaffeetasse ab, beobachtet einen Moment konzentriert ihren Löffel, schaut mich dann an und antwortet mitfühlend:

„Isch kenne das schon. Das 'atte isch am Anfang ausch. Aber dann 'abe isch mir gesagt, dass isch meine Geld 'ier ausgebe, wenn isch 'ier einkaufe, dass isch die südafrikanische Wirtschaft unterstütze. Dass isch eine Arbeitsplatz offeriere in meine 'aus. Und dass es keine Unterschied mascht, ob isch eine gute Leben lebe in der Schweiz oder in Südafrika. Nur 'ier sehen wir 'alt die Leute, die keine so gute Leben 'aben wie wir, in Europa sehen wir sie einfasch nischt."

Sie denkt einen Augenblick nach und fügt dann hinzu:

„Eine Freundin 'at mir in die ersten Monate 'ier in Südafrika etwas gesagt: *Africa is not for the sissies.* Isch 'abe oft daran gedascht, und isch glaube, sie 'at rescht."

Africa is not for the sissies... Afrika ist nicht für Weichlinge. Ich grüble über Sonias Philosophie nach und komme nach ein paar Tagen zum Schluss, dass sie Recht hat. Es spielt global gesehen keine Rolle, ob ich hier in Afrika das führe, was wir ein modernes Leben in westlicher Zivilisation nennen, oder ob ich es in Europa oder Amerika lebe. Im Gegenteil, in Johannesburg helfe ich der südafrikanischen Wirtschaft, weil ich mein Geld hier ausgebe und zudem Arbeitsplätze in meinem Haus schaffe. Aber hier plagt mich das schlechte Gewissen - weil ich täglich Leute sehe, denen es nicht so gut geht wie mir. Mein schlechtes Gewissen ändert aber nichts an ihren Lebensumständen. Deshalb wahrscheinlich der Spruch wegen den Weichlingen. Er weckt auch ein bisschen den Kampfgeist in mir: Ich, ein Weichling? Da will ich aber schön bitten!

Mein Problem ist damit noch nicht gelöst, es kann gar nicht gelöst werden. Aber ich muss lernen, damit zu leben, wenn ich mein Leben in Afrika führen will - und dazu bin ich wild entschlossen. Es gefällt mir viel zu gut in diesem Land.

Eine direkte Folge dieser grossen Unterschiede in den Lebensumständen ist die hohe Kriminalität, für die gerade Johannesburg berüchtigt ist.

Zu den Zeiten und an den Orten, an denen ich verkehre, fühle ich mich sehr sicher. Vielleicht bin ich aber auch nur naiv, denn wenn ich unser wöchentliches Lokalblatt lese, komme ich ins Staunen: In der *mall,* die am nächsten gelegen ist, wurde vor zwei Tagen ein Bombenalarm ausgelöst. In der Strasse, die ich beinahe täglich benütze, wurde vor ein paar Wochen nachts ein Auto mit Eiern beworfen, damit der Fahrer die Scheibenwischer einstellt, dank dem Geschmier nichts mehr sehen und beim Anhalten überfallen werden kann.

Pro Tag werden in Johannesburg rund drei Restaurants überfallen, womit auf die Tageseinnahmen des Restaurants sowie Geldbörsen, Mobiltelefon und Schmuck der Gäste gezielt wird. Sehr verbreitet ist auch das Vorgehen, im Dunkeln in der Einfahrt eines Hauses zu warten, bis der Besitzer mit dem Auto vorfährt und das Tor öffnet, um sich dann Eintritt ins Haus zu verschaffen oder das Auto samt greifbaren Wertsachen zu stehlen. Vor „meinem" Supermarkt steht eine Gedenktafel für einen der Besitzer, der an diesem Ort vor rund zwei Jahren erschossen wurde.

Die Kriminalität in dieser Stadt ist unvorstellbar. Die Statistik der Polizeiwache in unserem Stadtteil schockiert: Von April 2005 bis März 2006 fanden 32 Mordfälle, 59 Vergewaltigungen, 35 *Hijackings* (Überfälle mit Stehlen des Fahrzeugs - dafür gibt es nicht einmal ein deutsches Wort!) und 968 Einbrüche in Wohnhäuser statt.

Es ist nicht weiter erstaunlich, dass viel gestohlen wird. Die Schere zwischen Arm und Reich ist in diesen Land so riesig, dass es mir gar nicht so ungerecht erscheint, wenn Arme von den Reichen stehlen. Was aber schockiert, ist die Bereitschaft zur Gewalt.

Schon für ein Mobiltelefon wird dessen Besitzer ermordet.

Unter diesen Umständen sind wir sehr froh darüber, dass wir an einem sicheren Ort wohnen, ein Ort, wo unsere Jungs auf dem Spielplatz spielen, ihr Fahrrad fahren und andere Kinder treffen können. Das wahre Privileg von Dainfern ist nicht der Golfplatz und die mit Blumen bepflanzten Kreisel, sondern die Sicherheit, die sich die Einwohner kaufen.

„*Eeish,* die Regierung müsste viel mehr für unsere Sicherheit tun", regt sich Clara auf, als ich das Thema vorsichtig anspreche. Mit kämpferisch vorgerecktem Kinn erklärt sie, dass die Verhältnisse unter der Apartheid-Regierung viel besser gewesen seien.

Ich staune: So eine Bemerkung aus dem Mund eines Menschen, der vom Rassentrennungssystem in der Apartheid-Zeit unterdrückt wurde?

Für Clara ist die Apartheid-Ära jedenfalls nicht einfach nur schlecht gewesen, so wie wir sie in Europa einschätzen. Wahrscheinlich kann kein Konflikt in der Welt in eine nur schlechte und eine nur gute Seite aufgeteilt werden, auch wenn uns der ehemalige amerikanische Präsident das glauben lassen will.

Eines Abends Ende April biege ich kurz nach fünf Uhr in die Tankstelle vor Dainferns Eingangstor ein und kann meinen Augen kaum trauen: Sie ist voll! Es gibt Warteschlangen vor den Tanksäulen!

Seufzend reihe ich mich in diese ein. Als ich schliesslich an der Reihe bin, ist der Tankwart deutlich im Stress.

In Südafrika wird nicht selber getankt, vielmehr ist es üblich, dass die Tanksäulen bedient sind. Ich rolle jeweils vor, halte an, öffne mein Fenster, liefere dem Tankwart meinen Autoschlüssel und erkläre, wieviel von welchem Benzin ich brauche. Normalerweise bietet er von sich aus noch weitere Dienste an wie das Kontrollieren von Öl und Wasser, die Kontrolle des Reifendrucks und natürlich das Reinigen der Windschutz- und Heckscheibe. Für all' dies gibt es selbstverständlich ein Trinkgeld. Das Gefühl ist aber doch ganz mondän: Man sitzt in seinem Wagen wie ein Formel 1-Pilot während dem Boxenstopp, wo das Auto in Windeseile gewartet wird.

Heute aber nicht. Im Nu ist der Tankwart wieder bei meiner Scheibe, händigt mir den Schlüssel aus und saust mit meiner Garage-Karte davon. In Südafrika kann man an der Tankstelle nur mit Bargeld oder einer sogenannten Garage-Karte bezahlen, Kreditkarten werden nicht akzeptiert. Heute bin ich in Rekordzeit abgefertigt und rolle kopfschüttelnd vom Platz. Dass die Tankstelle am Feierabend so gut besucht ist! Normalerweise komme ich morgens und da sind die Tankwarte nie im Stress.

Am nächsten Morgen bekomme ich deutlich zu spüren, dass wir in Afrika leben: Plötzlich haben wir kein Wasser mehr. Die Waschmaschine stoppt mitten im Programm, doch zum Glück ist zumindest das Geschirr schon abgewaschen...

Noch ist diese Situation neu für mich, und ich horte keine Wasserflaschen in der Küche. Also mache ich mich auf zum Supermarkt, wo ich prompt die letzten vier Flaschen Mineralwasser kaufe.

Als ich an der Kasse bin, ruft mich Lukas an: Ich solle doch besser noch das Auto auftanken, denn Johannesburg erwarte eine Benzinknappheit. Aha, na das erklärt die hektische Warteschlange von gestern an der Tankstelle! Der Grund für die erwartete Knappheit ist ein Streik der Lastwagenfahrer. Ich hoffe, dass die sich möglichst rasch einigen können. Wie auch immer das Resultat sein möge.

Am Eingang von Dainfern steht eine Information, dergemäss *Joburg Water* Wartungsarbeiten im Wasserverteilungsnetz vornehmen müsse, dass dies mehrere Tage in Anspruch nehmen könne und dass deshalb kein Wasser fliesse, bitte entschuldigen Sie die Umstände. Erzählt mir etwas, was ich noch nicht weiss, denke ich grimmig.

Schlechtgelaunt sammle ich zu Hause die letzten Tropfen aus allen Wasserhahnen in einer Schüssel und deponiere einen Eimer mit Poolwasser in der Toilette. Immerhin haben wir ja noch ca. 20'000 Liter Wasser im Pool, wenn auch mit Chlor versetzt. Die Zähne möchte ich mir damit nicht putzen, aber für die Toilettenspülung tut's das allemal.

Mittags, als ich Tim und Max von der Kinderkrippe abhole, sehe ich einen Tanklastwagen mit Wasser, der im Estate geparkt ist. Die Mütter der Krippenkinder, zum grösseren Teil auch Ausländer wie wir, beraten sich eifrig, was zu tun ist. Leider nicht viel. Abwarten und möglichst nicht viel trinken.

Und besser nicht kopieren, was eine deutsche Mutter erzählt: Ihr Mann war am Duschen als die Wasserversorgung abgedreht wurde, sein Haar voller Shampoo. Klassisch, halt. Notdürftig abgetrocknet, holte er sich eine Flasche Mineralwasser aus der Küche, nur um eine Minute später panisch seine Frau zu rufen: Die Kohlensäure hatte das Shampoo so richtig zum Schäumen gebracht und bescherte dem armen Mann eine mächtige Afro-Perücke aus weissem Schaum auf seinem Haupt.

Kein fliessendes Wasser zu haben ist irritierend. Dauernd drehe ich aus Gewohnheit die Wasserhahnen auf, nur um mich dann zu ärgern, weil kein Wasser kommt.

Auch am nächsten Morgen fliesst kein Tropfen aus dem Wasserhahn im Badezimmer. Wild entschlossen, mir die Laune nicht wieder verderben zu lassen, schneide ich im Spiegel Fratzen und beobachte dann eine Weile die grosse braun-schwarz-weisse Ente, die sich wie jeden Morgen auf dem Dach unseres Nachbarhauses niedergelassen hat und sich von dort schnatternd mit ihren Kolleginnen auf anderen Dächern unterhält.

Nachdem ich die Jungs in die Krippe gebracht habe, halte ich beim Wassertankwagen, um meine leeren Plastikflaschen aufzufüllen. Die Szene dort ist afrikanisch: Man wartet vor dem Wasserhahn, jeder hat Gefässe zum Transport des kostbaren Nass gebracht, Maids balancieren volle Eimer auf ihren Köpfen nach

Hause, und die *Madams* diskutieren eifrig, ob man das Geschirr mit Poolwasser waschen kann, ob das nur mit Wasser aus einem Salzwasser- oder auch aus einem Chlorwasser-Pool geht, ob das einen Nebengeschmack hinterlässt und ob sich das Spülmittel im Salzwasser überhaupt auflöst.

Und das alles vor der Kulisse des gepflegten Dainferns, vor grossen glänzend-schwarzen Geländefahrzeugen und eleganten Sportwagen, in die sich die *Madams* gleich wieder schwingen werden.

Afrika hat es geschafft: Ich muss wieder lachen.

Am Nachmittag fliesst das Wasser plötzlich wieder. Und nach einem Wochenende, an dem sich alle vorsichtigerweise nicht weit von ihrem Haus entfernen, um möglichst wenig Benzin zu verbrauchen, ist der Streik der Lastwagenfahrer beendet.

Wir kehren erleichtert zur Normalität zurück. Und schätzen diese umso mehr.

„Ich habe in der Zeitung gelesen, dass es vorgestern eine Schiesserei gab in Johannesburg. Habt Ihr die Schüsse gehört?" fragt meine Mutter am Telefon.

„Nein, wir haben nichts gehört. Johannesburg ist eine Millionenstadt, wenn das nicht bei uns in der Nähe war, dann können wir weder was hören noch was sehen – zum Glück!"

„Und, wie geht es den Jungs?"

„Prima! Max ist fröhlich, wie immer, und geniesst den Trubel in der Krippe richtig. Nur schläft er nicht mehr so gut, er hat sich wohl noch nicht an sein neues Bett gewöhnt."

„Und Timmi?"

„Ihm gefällt es ausgezeichnet in der neuen Krippe, und er versteht mittlerweile schon richtig gut, wenn man englisch mit ihm spricht. Mit Clara geht das zum Beispiel bestens. Aber selber spricht er noch nicht viel. Oder ich verstehe ihn nicht, wie neulich, als er auf dem Weg zum Spielplatz „Kahkami" rief - ich hatte keine Ahnung, was er meint!"

„Hast Du's rausgefunden?"

„Ja, es heisst „*Car coming*", ein Auto kommt. Eigentlich ganz korrekt, aber ich war halt gar nicht gefasst darauf, dass er englische Worte benützt!"

„Spricht Lukas im Büro eigentlich immer englisch?"

„Zum grössten Teil schon. Mit den Kollegen aus der Schweiz spricht er deutsch, aber nicht mal immer, stell' Dir vor! Manchmal, sagt er, fällt es ihm leichter, in englisch übers das Geschäft zu sprechen. Weil ihm die Fachwörter geläufiger sind in englisch als in deutsch."

„Ich hoffe nur, dass ihr immer noch deutsch sprecht mit Tim und Max, sonst verstehen die Jungs uns am Ende gar nicht mehr! Sonst sprechen sie nur noch englisch und holländisch!"

„Nicht holländisch, afrikaans. Das hat sich aus dem Holländischen entwickelt. In der Schweiz habe ich ja jahrelang „Sky Radio" gehört, den holländischen

Sender, und mit der Zeit auch ein bisschen was verstanden. Aber wenn zwei miteinander Afrikaans sprechen, dann verstehe ich nix. Nur wenn ich einen Text in Afrikaans geschrieben sehe, dann kann ich einigermassen verstehen, worum es geht."

„Aber Deine Maid spricht englisch, mit den Jungs und Dir, gell?"

„Oh ja, wir sprechen englisch miteinander. Sie kann aber noch ein paar andere Sprachen, wie die meisten Südafrikaner - Südafrika hat ja 11 Nationalsprachen. Und Clara kann sogar ein bisschen Schweizerdeutsch! Zumindest die wichtigen Wörter wie *Nuggi*, *Schoppen*, *Zmittag*, *Velo*... Und Lukas und ich sprechen immer schweizerdeutsch mit den Jungs."

„Ach, also, dass Ihr so weit weg ziehen musstet und Euch dann darüber freut, dass jemand ein bisschen deutsch spricht! Hier hat es jede Menge Leute, die prima deutsch reden!!"

„Mama, uns gefällt es hier!!"

... und dann ganz schnell tief Luft holen, „ommm" denken, und sich auf die Zunge beissen... Ich will jetzt nicht streiten. Nur ganz schnell das Telefongespräch beenden, damit ich immer noch anständig bleibe und keine giftigen Bemerkungen mache.

Meine Mama. Jetzt fühle ich mich natürlich wieder super. Ich verstehe sie ja: Wir haben ihre Enkelkinder in das südlichste Land Afrikas entführt, 10 Flugstunden von der Schweiz entfernt, wo man höchstens einmal im Jahr hinfliegt. Wenn überhaupt.

Aber ich weiss, dass sie mich auch versteht: Dass Lukas und ich das Leben leben müssen, das zu uns passt.

Auch uns schmerzt, was und vor allem wen wir zurück gelassen haben.

7

„Mama, wann gehen wir endlich auf Safari?"

Mittlerweile sind wir schon mehr als zwei Monate in Südafrika, da brennt natürlich nicht nur unser Sohn darauf, endlich einmal in den berühmten afrikanischen Busch zu kommen. Im Nordosten Südafrikas, an der Grenze zu Mosambik und Simbabwe, befindet sich der grösste Nationalpark des Landes, der Krügerpark: Etwa so gross wie Portugal, und die afrikanischen Tiere bewegen sich völlig frei darin. Da wollen wir hin!

„An der Westgrenze des Krügerparks haben sich private Tierreservate gebildet, die gegen aussen streng eingezäunt, gegenüber dem Nationalpark aber offen sind", doziert Joylin, die Dame vom Reisebüro, ein bisschen wie der runde Roboter bei Star Wars, und fährt fort:

„Die Eigentümer führen dort kleine Safari-Hotels, die man *Game Lodge* nennt."

Ich übersetze das für mich mit Grosswild-Jagdhaus.

„Da werden die Tiere gejagt??"

„Aber nein, im Gegenteil", lächelt sie über die Naivität dieser Ausländerin mit dem schweren Akzent. Dann fährt sie aber wieder roboterhaft mit dem scheinbar oft erzählten Text weiter: „Die Eigentümer dieser Reservate haben sich strengen Richtlinien unterworfen. Eine Game Lodge hat meistens nur etwa acht Zimmer, die an Gäste vermietet werden dürfen. Die Anzahl der Gäste pro Lodge ist beschränkt, damit die Tiere nicht über Gebühr von den Menschen und ihren Fahrzeugen gestört werden."

„Aha. Ist das der Grund, weshalb diese Lodges so teuer sind?"

Joylin flattert zweimal mit den Augenwimpern, was auf heftige Denkarbeit schliessen lässt, und entscheidet sich dann offenbar, mir die ganze Wahrheit anzuvertrauen, allerdings nur fast flüsternd und zu mir vorgebeugt: „Safaris sind halt auch bei Reichen und Prominenten sehr beliebt. Die ganz, ganz teuren Übernachtungspreise erklären sich daher. Die extrem teuren Game Lodges können eigentlich gar nicht mehr bieten als Exzellenz im Wohnen, Essen und bei der Tierbeobachtung. Aber diese abschreckenden Preise sorgen dafür, dass die Claudia Schiffers und George Bushs dieser Welt unter sich in ihrem exklusiven Kreis bleiben. Elton John verbringt zum Beispiel immer seine Weihnachtsferien im Krügerpark!"

Lukas argumentiert ganz vernünftig, dass er sich lieber die wilden Tiere als die wilden Stars anschauen will, und so buchen wir uns nicht in der absolut besten und teuersten, sondern in einer netten kleineren Game Lodge ein, in Kambaku Safari Lodge.

Tim ist im siebten Himmel bevor wir überhaupt angekommen sind. Er thront wie ein König im Auto, das Fernglas um den Hals gehängt, den Blick aus dem Fenster gerichtet. Leider hält er das nur eine gute Viertelstunde durch, bis die obligate Frage gestellt wird: „Wann sind wir endlich da?!". Die korrekte Antwort ist: in rund fünf Stunden. Könnte jedenfalls klappen, wenn wir nicht unterwegs so oft anhalten müssen, weil jemand von der Rückbank etwas will oder muss.

Nachdem wir uns beim Eingangstor zum Timbavati Game Reserve angemeldet haben, müssen wir unsere Fahrt auf einer Sandpiste fortführen. Und werden eindringlich gewarnt, dass wir jetzt schon mitten im Tierreservat sind und jederzeit von wilden Tieren überrascht werden könnten. Wir sind alle schon ganz aufgeregt, ausser Max, der hinten auf der Rückbank kräht und das Ende der Reise kaum erwarten kann.

Offenbar werden neue Gäste in der Kambaku Safari Lodge mittels Willkommenstrunk und warmem Handtuch nebst Begrüssungskomitee willkommen geheissen, bestehend aus Managerin, *Ranger* und *Tracker*. Ich kann das nur aus dem Augenwinkel wahrnehmen, weil ich mich ohne Aufschub um zwei kleine Jungs kümmern muss, von denen einer sofort! jetzt! seine Milchflasche und der andere sofort! jetzt! das Wasserloch auskundschaften und die ersten Tiere sehen will.

Obwohl die beiden in ihrer Aufregung wohl nicht gerade einen guten ersten Eindruck hinterlassen haben, bietet uns das Zimmermädchen an, Tim und Max während den Ausfahrten im Landrover zu hüten. Sie kann sich so den Lohn aufbessern, und wir erkaufen uns jeweils drei störungsfreie spannende Stunden.

Schon am Nachmittag geht es los, unsere allererste Safari-Ausfahrt, genannt *Game Drive*.

Es ist richtig abenteuerlich: Der Landrover hat kein Dach und keine Autotüren, die Gäste sitzen in drei ansteigenden Bankreihen hinter dem Fahrer.

Wir sind zu viert: ein älteres südafrikanisches Paar aus Johannesburg, Lukas und ich. Begrüsst werden wir von unserem Ranger, Riaan. Er erklärt uns die Spielregeln: Kein Schreien, kein Aufstehen, kein Herauslehnen und auf keinen Fall das Fahrzeug verlassen. Ausser wir werden ausdrücklich dazu aufgefordert.

Der Mann, der vorne auf der Kühlerhaube des Fahrzeugs sitzt, ist unser *Tracker*, mit Namen Ndaniso. Er wird das Wild sichten und Spuren lesen.

Dann dürfen wir den Landrover erklimmen und es uns in rund eineinhalb Metern Höhe bequem machen. Riaan platziert derweil sein Gewehr auf dem Armaturenbrett.

Los geht es - aber weit kommen wir nicht. Schon nach ein paar Metern halten wir bei einer kleinen Herde Reh-artiger Huftiere, die in der Auffahrt von Kambaku grasen. Fast hat man den Eindruck, dass sie zur Game Lodge gehören. So perfekt gestriegelte und geschorene Tiere sind doch sicher nicht wild?!

Riaan behauptet schon. „Diese Antilopen heissen Impala. Sie sind hier im Park sehr weit verbreitet, deshalb werden wir nicht jedes Mal anhalten, wenn wir eine Herde sehen." Und dann kann er noch eine ganze Menge Wissenswertes über diese Tiere beifügen.

Ich bin ganz fasziniert von diesen süssen Antilopen und wäre mit dem Erfolg unserer Ausfahrt schon ganz zufrieden, aber Riaan meint, es gäbe noch mehr.

Über abenteuerliche Pisten fahren wir in die Wildnis. Und tatsächlich: Als wir um eine Kurve fahren, sichtet Ndaniso ein massiges braunes Tier im Gestrüpp: Einen Büffel! Nein, zwei!

Während er uns vorsichtig näher an die Tiere heranmanövriert, lässt Riaan es sich nicht nehmen, über die Tiere zu dozieren. Das seien zwei Junggesellen mittleren Alters, und die beiden wollen uns ganz offensichtlich nicht kennen lernen. Sie ziehen in ziemlichem Tempo ab ins dichtere Gebüsch, wo auch unser geländegängiges Fahrzeug nicht mehr folgen kann.

Auf dem Rückweg zur Piste überfährt Riaan ein paar Büsche, und es kratzt und knarrt unter unseren Füssen. Die Büsche aber, die richten sich hinter unserem Fahrzeug wieder auf, ein bisschen zerzaust zwar, aber doch als wäre nichts geschehen. *Bundu bashing* nennt der Südafrikaner diese Art, im Busch herumzufahren, lässt uns Riaan wissen. Es macht ihm sichtlich Spass.

Langsam rollen wir durch die afrikanische Landschaft. Als sich die Sonne dem Horizont zu neigt, halten wir mitten im Busch an und Riaan zaubert Getränke und Snacks auf einen aufklappbaren Tisch an der Kühlerhaube des Landrovers. Die Sonne ist ein orange-roter Ball, davor stehen die schwarzen Silhouetten von Akazien und Büschen oder sogar Impalas. So haben wir uns Afrika immer vorgestellt. Wir schweigen ergriffen. Es ist atemberaubend schön.

Als wir weiterfahren, ist es schon fast dunkel. „He, wir sind hier nicht in einem Pferdeschlitten in St. Moritz", lacht mich Lukas aus, als ich mich fest - und recht kunstvoll, möchte ich trotz feixendem Ehemann beifügen! - in die Wolldecken einpacke, die auf unseren Sitzen lagen. Soll er nur grinsen, die Luft ist mittlerweile ernsthaft kühl geworden und hat sich mit dem Fahrtwind im Landrover zu einer bitter kalten, beissenden Brise vereint. Joylin hat uns zum Glück gewarnt und uns dringend angeraten, Winterkleider mitzunehmen.

Nach dem ausgezeichneten Nachtessen in der Lodge wird der Kaffee im sogenannten *boma* serviert: Ein Sandplatz mit einem hochauflodernden Feuer in der Mitte und einem rustikalen Holzgehege drumherum.

Die Kinder sind schon todmüde ins Bett gefallen, und wir lümmeln in Daunenjacken gemütlich auf den Safaristühlen und halten die Füsse ans Feuer. Riaan trägt noch immer seine Ranger-Uniform, die aus sandfarbenem Hemd und ebensolchen kurzen Hosen samt zünftigen Schuhen und Socken besteht. Darüber hat er sich aber, umständehalber, doch eine Fleecejacke gegönnt.

Er zeigt uns das Kreuz des Südens am Sternenhimmel, das man nur in der südlichen Erdhälfte sehen kann, sowie den Skorpion und den Hund.

„Und", fragt er, „was ist wohl das gefährlichste Tier hier bei uns?".

„Die Löwen!" Das war Lukas, wie aus der Pistole geschossen.

„Falsch."

„Hm - Büffel?"

„*Nah.* Die sind zwar recht aggressiv, und ich mag keinem begegnen, wenn ich zu Fuss unterwegs bin. Gehören auch zu den sogenannten *big five* – wisst Ihr, welche Tiere das sind?"

Welche fünf Tiere sind gross und leben hier in der Nähe? Ich rate: „Büffel, Elefanten, Nashörner, Nilpferde und Giraffen?"

„Teilweise stimmt's", sagt Riaan. „*Big five* nennt man die afrikanischen Tiere, die den Menschen verfolgen, wenn er sie angegriffen hat, statt sich zu verstecken. Es sind die Elefanten, Nashörner, Büffel, Löwen und Leoparden. Das mussten die Grosswildjäger wissen, die früher durch die Savannen gezogen sind. Aber sowohl für sie wie auch für uns das gefährlichste Tier ist die Stechmücke. Die kann hier Malaria übertragen. Und daran sterben viel mehr Menschen als an Angriffen von Tieren. – Habt Ihr Eure Jungs gut geschützt?"

Lukas und ich nicken. Wie die Südafrikaner haben wir zwar keine Malaria-Tabletten geschluckt, weil wir nur für einen kurzen Aufenthalt hier im Malaria-Gebiet sind, und es ausserdem schon Frühwinter und damit eigentlich zu kalt für die Mücken ist. Sicherheitshalber haben wir aber jeden Zentimeter unserer Kinder mit – kindertauglichem! - Mückenschutz eingesprüht und die Moskitonetze über ihren Betten fest zugezogen.

Riaan beugt sich vor und schiebt die Holzstücke im Feuer näher zusammen. Dann fährt er mit seinem Quiz fort: „Und nebst den Mücken, welches Tier hier hat am meisten Menschenleben auf dem Gewissen?"

„Die Löwen!".

„*Nah. Hippos*. Nilpferde. – Tagsüber hocken sie im Wasser, spazieren auf dem Grund des Sees oder Flusses und kommen immer wieder an die Wasseroberfläche, um zu prusten und Luft zu holen. Ihre Haut verträgt kein starkes Sonnenlicht. Aber in der Abenddämmerung kommen sie an Land, um in der

Nacht Gras zu fressen. Und wehe, ein Mensch gerät dann in ihre Nähe! Das Nilpferd wird besonders wütend, wenn ein Mensch seinen Fluchtweg zum Fluss abschneidet. Da trampelt es dann halt los. *Eeish*, bleibt nachts besser fern von Gewässern und Seen!"

Kein Problem, heute Nacht werden wir bestimmt nicht zu einem Fluss trampen. Alles was wir jetzt noch wollen, ist, in unsere gemütlichen Himmelbetten zu sinken und die Petrollampen auszublasen!

Für unseren Geschmack doch etwas zu früh kriegen wir Riaan wieder zu sehen: Er weckt uns um 5 Uhr mit einem leisen Klopfen, denn in der Morgendämmerung werden wir schon wieder losfahren.

Doch zuerst wird uns noch der offenbar traditionelle Morgenimbiss serviert: Kaffee oder Tee mit *Rusk*, einer Art süssem Zwieback, den man in die warme Flüssigkeit stippen muss, damit man beim Zubeissen nicht einen Zahnschaden erleidet.

Die Dunkelheit lichtet sich langsam, und wir sehen Gestalten durchs hohe trockene Gras zum Wasserloch staken.

„Wasserböcke", flüstert Riaan.

Eine Gruppe grosser, grauer Antilopen mit einem weissen Kreis auf dem Hintern. Sie senken ihre Köpfe mit den leicht gebogenen Hörnern und trinken. Ganz einfach, ganz natürlich, aber für uns ein unvergesslicher, magischer Anblick.

Während unserer Morgenfahrt erhält Riaan per Funk die Information, dass Löwen gesichtet wurden. Nichts wie ab, dorthin. Zwei Löwinnen sind es, und als wir sie sehen, muss ich Lukas an der Jacke wieder auf seinen Sitz herunterziehen. Vor Aufregung und um besser zu sehen wollte er doch tatsächlich aufstehen!

Das wäre auch gar nicht nötig gewesen, denn Riaan scheint die Bremse nicht zu finden, er fährt immer näher an die Löwinnen heran. Hat er vergessen, dass wir hier im Freien sitzen?!

Wir drängen uns in die entgegengesetzte Seite des Landrovers und wagen kaum zu atmen, als Riaan rund drei Meter entfernt von den Löwen doch noch anhält. Die Löwen im Rhino and Lion Park, die sind doch auf ein Fahrzeug gesprungen - woher sollen denn diese Löwinnen wissen, dass dies hier verboten ist?

„Keine Sorge! Unsere Löwen hier sind mit Safari-Fahrzeugen aufgewachsen. Die wissen, dass dies ein ganz komisches Tier ist, das nach Diesel stinkt, das sie nicht frisst und das sie nicht fressen können, deshalb greifen sie es nicht an. Ihr könnt ganz normal atmen, und sogar sprechen, aber ihr dürft auf keinen Fall aufstehen!"

Riaan benimmt sich, als wäre er in der normalsten Situation der Welt. Gut, für ihn ist es das wohl auch – muss ihn mal fragen, wie lange er schon Ranger ist. Auch unser Tracker Ndaniso, der ja in seinem Sitz auf der Kühlerhaube sehr exponiert ist, lässt sich keine Nervosität anmerken.

Die Löwinnen liegen am Boden, wirken aber nicht sehr entspannt. Sie schauen sich um, stecken die Nasen in den Wind und scheinen konzentriert zu riechen, und die schlanken Schwänze mit der schwarzen Quaste am Ende schlagen nervös durch die Luft und auf den Boden.

„Die beiden Löwinnen sind Schwestern", erklärt Riaan. „Gestern beim Jagen haben sie ihre Jungen verloren und jetzt versuchen sie, sie wieder zu finden. Die Jungen sind mit dem Vater unterwegs, aber die Mütter haben keine Ahnung, wo sie sind, und sind deshalb ein bisschen nervös."

„Verhungern die Kleinen denn nicht ohne ihre Mütter?"

„*Nah*, die sind nicht mehr so klein, dass sie noch säugen. Aber die Mütter hätten sie halt doch gerne wieder in ihrer Nähe. Wäre auch besser für die Jungen, denn von den Müttern müssen sie das Jagen lernen, vor allem auch das Jagen in einer Gruppe. Bei den Löwen sind es die Weibchen, die mit Jagen das Futter beschaffen. Das dominierende Männchen im Revier kann sich dann einfach am gedeckten Tisch bedienen, sozusagen." Dazu grinst Riaan ein bisschen provokativ.

Eine der Löwinnen holt so tief Luft, dass sich ihr Körper richtig aufbläht, lässt dann einen tiefen, röchelnden Laut von sich und sackt wieder zusammen. Die zweite Löwin fällt darin ein.

„Jetzt probieren sie, die Kleinen zu rufen und hoffen, dass sie antworten."

Das ist also Löwengebrüll? Da bin ich doch ein bisschen enttäuscht. Ein röchelndes, halbes Bellen statt einem eindrücklichen „Roaaar“...

Und es nützt den Löwinnen auch nicht viel. Die Kleinen antworten nicht.

Mittlerweile sind zwei andere Landrover bei den Löwinnen eingetroffen und Riaan räumt den Platz. Um das Naturerlebnis zu erhalten, dürfen nie mehr als drei Fahrzeuge gleichzeitig an einem Ort sein, und es besteht sogar schon eine Warteschlange, wie Riaan über Funk erfahren hat.

457 in drei Tagen. 457 Fotos muss ich am Computer sortieren. Muss ich wirklich auch nur eines davon löschen, eine Erinnerung an einen kostbaren Moment? Die ersten Löwen? Die Elefanten beim Trinken und Prusten? Der Leopard, dessen Kopf man auf dem Foto knapp erkennen kann, wenn ich auf die Stelle im vermeintlichen Gebüsch zeige? Tim in Grosswildjägerpose mit Feldstecher am Wasserloch? Max auf Papas Knien vor den Zebras? Die Familie von Warzenschweinen, die mitten durch die Kambaku Safari Lodge spazierte?

Unglaublich, wieviel man in drei Tagen erleben kann! Safari macht süchtig. Schon auf der Heimfahrt schmieden wir Pläne, in welches Reservat wir das nächste Mal fahren.

Nachdem wir die wilden Tiere Südafrikas besucht haben, wäre es an der Zeit, auch mal unsere Nachbarn in Dainfern kennen zu lernen.

Schon beim Einzug in unser neues Haus hat uns der Gedanke beschlichen, dass dies nicht die Art Nachbarschaft ist, in der man mit selbstgebackenem Brot und Salz begrüsst wird. Auf mondgesichtiges, anhaltendes Grinsen hin, bekamen wir von der Nachbarin aus dem gegenüberliegenden Haus ein kurzes Nicken. Das war der ganze Erfolg des ersten Umzugtages, den wir zum grössten Teil vor unserer Haustüre verbrachten.

Die anderen Nachbarn links und rechts kurvten im Auto um die Ecke, öffneten gekonnt frühzeitig vor dem Haus ihr Garagentor mit der Fernbedienung, und schwupps schloss sich das Tor hinter ihren Stossstangen.

Ein paar Gärtner in Arbeitskluft spazieren mit Hunden an unserem Haus vorbei, und morgens sehe ich mehrere Maids mit zu Turbanen geschlungenen Kopftüchern oder eleganten Zöpfchen-Frisuren auf dem Weg zur Arbeit, sonst verkehren auf der Strasse nur Autos, und die verschwinden immer schnell in ihren entsprechenden Löchern, sprich Garagen.

Später werden wir herausfinden, dass die Südafrikaner sich nicht viel aus Spaziergängen machen. Wir treffen jedenfalls keine an. Lukas meint, er weiss warum: Jedes Mal, wenn wir bei unseren Spaziergängen am Wochenende anhaltendes Geheul unserer Jungmannschaft auszuhalten haben, also bei jedem Spaziergang so circa im letzten Drittel, schüttelt er ungläubig über seine Doofheit den Kopf und stöhnt: „Ein Südafrikaner würde sich das nie antun!"

Nachdem sich ein Kontakt mit den Nachbarn natürlicherweise nicht ergab, hilft mir das Schicksal in Form eines Rugbyballes, der die Reise über unsere Gartenmauer geschafft hat. Ich lauere meiner Nachbarin zur Linken auf, beobachte, wie sie in die Garage kurvt, schaue dem Uhrzeiger 15 Minuten lang bei seiner Arbeit zu und schlendere dann betont lässig samt Ball zum Nachbarhaus. Einen Briefkasten oder ähnliches gibt es in Dainfern bei keinem Haus, auch bei der Klingel steht kein Name.

Ilze van Straaten steht jetzt offiziell als meine erste Bekanntschaft aus Dainfern im Verzeichnis meines Mobiltelefons. Wir fanden an jenem Morgen genügend Gesprächsstoff und genügend Gelegenheiten zum Lachen, um uns immer wieder auf einen Kaffee zu treffen.

Sie erklärt mir geduldig, woraus *boerewors-rolls* bestehen: Es ist ein Hot-Dog gefüllt mit einer *boerewors* statt mit Frankfurter-Wurst, wobei *boerewors* die grobe Bauernwurst mit Koriander und Muskatnuss ist, genau! Und sie findet es exzentrisch, dass ich meine eigenen Einkaufstüten in den Supermarkt mitnehme.

Ich geniesse ihre Gesellschaft. In Freundschaft mit jemandem klönen zu können, fehlt mir sehr.

In der Kinderkrippe habe ich auch schon kurze Gespräche mit Müttern geführt, aber bisher hat sich noch kein richtiger Kontakt ergeben. Ich bleibe dran.

Meine Freunde und Familie in der Schweiz sind ja keine Engländer, aber doch geben sie mir in jedem Telefongespräch einen Wetterbericht aus der Schweiz durch. Kurios, eigentlich, schliesslich teile ich dieses Wetter ja gar nicht mehr mit ihnen, wir können nicht mehr gemeinsam über den Regen stöhnen oder uns am Sonnenschein freuen! Weshalb machen das denn alle? Spielt das Wetter wirklich eine so grosse Rolle im Leben? - Es braucht nur eine klitzekleine Auswanderung, und die philosophischen Fragen stellen sich von selber!

Bei uns gibt das Wetter eh nicht so viel her als Gesprächsstoff, es ist gleich bleibend sonnig mit einem Gewitter ab und zu am späteren Nachmittag. Doch an einem sonnigen Sonntagmorgen im Mai spaziere ich mit einem Glas Apfelsaft arglos auf die Terrasse, nur um sofort wieder umzukehren: Es ist kühl! Nein, kalt!

„Fahr mal eine Runde mit dem Auto“, befehle ich meinem Göttergatten.

„Ich bin aber noch im Schlafanzug!“

„Ach, das sieht doch keiner, Du steigst ja in der Garage ein und auch wieder aus.“

Am Schluss muss ich es natürlich doch selber machen, so einfach lässt sich Lukas nicht herumdirigieren.

Ich muss nur einmal ums Quartier fahren, um das Autothermometer zu kontrollieren (wir haben sonst keins), und es lohnt sich durchaus: Im Vergleich zum Freitag, als ich die Kinder zur gleichen Uhrzeit in die

Krippe brachte, ist die Temperatur um 10 Grad gefallen. 10 Grad Celsius! Einfach so!

Wir erleben zum ersten Mal, wie es sich in Johannesburg bei kühleren Temperaturen lebt.

Die Bodenheizung, die uns von der Maklerin angepriesen wurde, ist nur im *Family Room* und der Küche vorhanden sowie in Lukas' und meinem Badezimmer. Weil es jedoch keine Türe vom Badezimmer zum Schlafzimmer gibt, genügt sie nicht, um ein kuschelige Temperatur zu erreichen. Im Büro fröstelt es mich, denn es zieht durch die Balkontüre. Was nicht weiter erstaunt, denn zwischen den beiden hölzernen Flügeltüren klafft ein zentimeterbreiter Spalt.

Am nächsten Morgen muss ich mich schwer zusammennehmen, um in der Krippe nicht andauernd zu kichern. Am Freitag noch in T-Shirts, sind die Lehrerinnen heute Morgen im Fleece-Pullover zur Stelle, und die Kinder werden in Daunenjacken und Strickmützen zur Schule geschickt. Offenbar gibt es für die Südafrikaner genau zwei Jahreszeiten: Hochsommer oder tiefster Winter!

8

Mittlerweile sind wir in eine Art Routine gefallen: Lukas fährt zur Arbeit, die Jungs gehen morgens in die Krippe, und ich, ich repariere oder lasse reparieren.

Unglaublich, was in unserem Haushalt immer den Geist aufgibt oder sonst Aufmerksamkeit braucht! Das zweite Garagentor, zum Beispiel, reagiert nur sehr unregelmässig auf Befehle. Die Windschutzscheibe meines Autos hat zwei kleine Löcher vom Steinschlag und die müssen gefüllt werden, damit kein Riss daraus wird. Das Bewässerungssystem im Garten muss mindestens einmal die Woche kontrolliert werden weil die dünnen Schläuche laufend aus den Haltern rutschen.

Das Auto meines Göttergatten vermeldet Probleme mit der *gearbox*, ein Wort, das sich nicht im Wörterbuch finden lässt, aber sich anscheinend auf das Getriebe bezieht. Unser Telefonanschluss produziert im Gespräch ein so lautes Rauschen, dass ich für eine Weile befürchtete, alle meine Anrufer hätten starke Erkältungen und könnten kaum atmen. Der automatische Poolreiniger, offenbar eine südafrikanische – oder australische? – Erfindung mit dem Namen *creepy crawly* hat die Aufgabe, mit Hilfe der Poolpumpe während ein paar Stunden am Tag den Pool zu staubsaugen. Gute Idee. Ausser, dass unser Gerät gerne sein nasses Revier verlässt und sich dann prompt im Netz verhängt, wo es minutenlang in Heavy-Metal-Lautstärke vor sich hingurgelt, bis ich es unter leisem Fluchen wieder aus seiner misslichen Lage befreit habe.

Die Technik verschönert unser Leben. Die Technik vereinfacht unser Leben. Ha, ha, ha. Die Technik beschäftigt die geneigte Hausfrau den halben Tag, das muss an dieser Stelle mal gesagt werden!

Gut, ein bisschen freie Zeit bleibt mir schon noch. Zum Beispiel, um E-Mails an meine Freundinnen in der Schweiz zu schreiben und mich über die Tücken der Technik zu beklagen. Auch Petra, Sonia und Lee-Anne sowie meine Nachbarin Ilze kriegen meinen Frust mit, denke ich wohl.

Daneben bin ich seit neustem auch einmal die Woche im Pilates-Kurs anzutreffen. Muss meine vom Packen und Umzug beanspruchten Muskeln ein bisschen dehnen. Und nebenbei lerne ich ein paar sehr nette Frauen kennen, denn ich habe Glück:

Irgendwie ist man ja beim Turnen freundlich, kommt aber doch nicht ins Gespräch - ausser, in meinem Fall, als ich eine andere Turnerin anhand ihres Akzents als Schweizerin identifiziere. Sofort brabbeln Christine und ich in unserer Muttersprache los, und durch sie lerne ich wiederum weitere Frauen kennen: Sue, Pam und Jenny aus England. Auch wenn immer die eine oder andere gleich losrasen muss, trinken wir nach dem Pilates doch noch gerne einen Kaffee miteinander. Ich bin ja nicht die typische Kaffee-Tante, aber neben dem Spass erfüllen diese Treffen auch einen guten Zweck: Ich lerne neue Leute kennen, die bald auch zu Freunden werden.

Petra nennt es den „*Expat*-Effekt": *expatriates* (kurz *expats*) werden die Arbeitnehmer genannt, die von ihrer Firma ins Ausland versetzt werden: „Und wir alle finden uns dann in einem Land, wo wir keine Eltern, Geschwister oder Tanten haben, keine Schulfreunde, keine alten Bekannten - und wir froh sind, jemanden kennen zu lernen und neue Freundschaften aufzubauen. Aus diesem Grund und weil sie sich schon aus ihrer heimatlichen Komfortzone hinaus gewagt haben, sind Expats grundsätzlich sehr offen gegenüber neuen Leuten und interessiert daran, jemand Neues kennen zu lernen. Ausserdem finden sich Expats normalerweise gegenseitig auch interessant, weil sie gerne verschiedene Kulturen kennen lernen. Und in Südafrika können sie immer gemeinsam über die hiesigen Verhältnisse schimpfen."

Gut gebrüllt, Löwe.

Ausserdem hat es noch einen weiteren Vorteil, dass ich Expat-Frauen kennen lerne: Sie sind in der gleichen Situation wie ich; in ihrem südafrikanischen Visum werden sie auch als „begleitende Ehefrau" ausgewiesen, was bedeutet, dass sie in Südafrika keiner bezahlten Arbeit nachgehen dürfen. Wir haben also keine Chance, am Arbeitsplatz jemanden kennen zu lernen. Zudem verfügen wir über verhältnismässig viel freie Zeit. Theoretisch. Denn praktisch sind wir am Reparieren, Organisieren und Beschaffen.

Ilze gegenüber habe ich einmal die Bemerkung fallen gelassen, wie befreiend es ist, in den südafrikanischen Zeitschriften, Zeitungen oder im Fernsehen nie auch nur den Hauch einer Diskussion darüber zu entdecken, ob eine Frau und/oder Mutter einer bezahlten Arbeit nachgehen darf/soll/muss oder nicht - ganz im Gegensatz zur deutschsprachigen Welt.

„Was meinst Du damit?"

„Na, ob eine Mutter karrieregeil und egoistisch ist, wenn sie arbeiten geht, oder ob sie zum doofen Hausmütterchen verkommt, wenn sie es nicht tut."

„Eine Frau soll nur die Wahl haben, doof oder egoistisch zu sein? Das ist ja die Wahl zwischen Sodom und Gomorrha! Warum fahrt Ihr den Männern nicht mal über den Mund? Was sagen denn die Frauen dazu?"

Ihre Augenbrauen verlieren sich im dichten Pony als ich ihr erkläre, dass diese Diskussionen im deutschsprachigen Raum mit Vorliebe von Frauen geführt werden, nicht einmal von Männern.

Ich bin aber keine gute Vertreterin dieses Themas, denn ich finde diese Diskussionen lächerlich und ich verstehe sie nicht. Wie kann es jemand wagen, einer anderen Frau - die Männer bleiben bekanntlich meist verschont - vorschreiben zu wollen, wie sie zu leben hat? Sind wir denn nicht alle verschieden, alle Frauen, ebenso wie unsere Männer und Kinder? Wenn nicht jede von uns die gleichen Nahrungsmittel oder Fernsehprogramme mag, dürfen diese unterschiedlichen Vorlieben nicht auch im Beruf und bei der Kindererziehung ausgelebt werden? Wo gibt es denn schon die genau gleiche Familienkonstellation im genau gleichen Umfeld? Und wenn ja, weshalb müssen die Familienmitglieder das genau gleiche Leben leben?

Wir schütteln deshalb gemeinsam den Kopf über diese Zumutung. Für Ilze ist dieses Thema geradezu absurd, denn in Südafrika ist es eine Selbstverständlichkeit, dass Frauen einer bezahlten Arbeit nachgehen. Sie selber hat gar nie über diese Frage nachgedacht.

„Klar, das hat auch damit zu tun, dass viele Frauen arbeiten müssen, um die Familie zu ernähren", erklärt Ilze. „Die meisten schwarzen Maids, zum Beispiel, sind nicht offiziell verheiratet und haben keinen Mann, der die Familie ernährt. In den afrikanischen Gesellschaften ist es sehr verbreitet, dass die Partner für eine gewisse Zeit zusammen bleiben und sich dann trennen. In Südafrika gibt es auch noch häufig Polygamie, vor allem draussen auf dem Land. Die Kinder bleiben bei der Mutter, oder, noch häufiger, werden von der Grossmutter aufgezogen, während die Mutter arbeitet."

So wie bei Clara. Die Männer machen ihr Ding, die Frauen kriegen und versorgen die Kinder und organisieren sich mit ihresgleichen, sprich Müttern und Schwestern oder Cousinen.

„Aber auch in südafrikanischen Familien, die nicht um das tägliche Überleben kämpfen müssen, arbeiten viele Frauen, nicht?" frage ich.

„Warum nicht?" Ilze führt ein kleines Unternehmen von zu Hause aus. Sie organisiert das Schulmaterial für die nahe Privatschule. „Es ist leicht und sehr bezahlbar, jemanden für die Kinderbetreuung einzustellen, auch zu Tageszeiten, zu denen eine Krippe geschlossen ist."

„Oh ja, davon können europäische Eltern nur träumen", lächle ich.

„Aber sag jetzt noch mal", bohrt Ilze nach, „Eine Mutter ist also entweder doof oder egoistisch. Dann hat frau ja nur noch eine Chance: Keine Kinder zu haben, damit sie sich nicht für eine dieser Sackgassen entscheiden muss!"

„In Deutschland werden kinderlose Frauen aber als Parasiten beschimpft, weil sie keine zukünftigen Steuer- und Pensionszahler auf die Welt gebracht haben."

„Wie bitte?!"

Ich beeile mich, ihr zu erklären, dass ich diese Argumentation auch nicht verstehe und dass dies in der Schweiz auch nicht diskutiert wird, dass ich solche Aussagen aber schon in deutschen Publikationen gelesen habe.

Es scheint, dass man es als Frau nur falsch machen kann.

Wir heben unsere Teetassen und trinken auf das Privileg, eine Frau sein zu dürfen.

Um als Auswanderer Freunde zu gewinnen und natürlich auch für die Organisation des täglichen Lebens - um beispielsweise einen Telefonanschluss zu ergattern - hilft es ungemein, wenn man die Sprache der neuen Heimat spricht. Oder zumindest eine der Sprachen im neuen Heimatland - denn Südafrika zum Beispiel hat 11 Nationalsprachen!

Englisch, das wir zum Glück in der Schule gelernt haben, wird im öffentlichen Leben am meisten benützt, aber manche Schilder sind zum Beispiel zweisprachig beschriftet, was mir am Anfang nicht klar war. Bei *„Slow Stadig"* auf dem Strassenschild haben Lukas und ich gerätselt, ob *Stadig* ein Strassengraben sei? Eine gefährliche Kurve? Ein uns unbekanntes Tier, das die Strasse überquert? Es hat einen Moment gedauert, bis bei uns der Groschen gefallen ist, dass *stadig* der afrikaanse Ausdruck für langsam ist.

Unser Rätseln hat auch damit zu tun, dass das Englisch der Südafrikaner seine Eigenheiten hat. Neben einer speziellen Aussprache (ein „u" wird zum Beispiel als „ü" ausgesprochen) gibt es hier auch Worte, die vom Afrikaans übernommen wurden wie zum Beispiel *„spoor"* für Fussabdruck, statt *„track"*. Turnschuhe sind *„takkies"*; ein Pullover ist ein *„jersey"* - wobei mich dieses Ding sowieso verwirrt in der englischsprachigen Welt. Nur zu gut erinnere ich mich, wie ich mal von einem Amerikaner ausgelacht wurde, als ich vom *„jumper"* sprach, in meinem besten *British English.* Über dem grossen Teich spricht man von einem *„sweater"*.

Wenn die sich nicht mal einigen können, dann sollten wir Ausländer doch auf ein bisschen Toleranz zählen können, nicht wahr!

Gutes Englisch hilft aber auf jeden Fall. Letzthin nannte Tim seinen Bruder einen *„sillybilly"*. Ich übersetzte das für mich als „doofer Ziegenbock" und wusste nicht, wie ich reagieren muss. Muss ich einschreiten und mit Donnerstimme befehlen, dass dieses Wort unter meinem Dach nicht mehr benützt wird? Oder ist der Ausdruck akzeptabel? In der Schule haben wir das Wort nicht gelernt, so musste ich meine englischen Pilates-Freundinnen zu Rate ziehen, die lächelnd erklärten, das sei ein süsser und total harmloser Ausdruck, den Kinder benützen.

Unabdingbar im südafrikanischen Alltag sind die folgenden englischen Worte: *shame, sorry* und *hectic.*

„Eeish" wäre eigentlich der nützlichste Ausdruck, aber den kann man als Ausländer nicht bringen. Passt nicht, kann nicht richtig ausgesprochen werden, nicht mit der richtigen Intonation, also lieber nur anhören und nicht aussprechen. In diesem Land gibt es ein *eeish* für jede Situation, ob traurig oder lustig, überraschend oder nur allzu bekannt - passt immer. Aber eben, für uns Ausländer ein grosses *no-no.*

Nicht so schlimm, wir behelfen uns einfach mit *shame.* Im Englischunterricht haben wir gelernt, dass *shame* „Schande" bedeutet. Vielleicht im Sprachgebrauch der Queen; hier benützen wir es aber einfach als die leichteste Entgegnung darauf, was die Südafrikaner einem sagen.

Der Laden hat schon geschlossen? - *Shame*! (mit leichtem Kopfschütteln). Die Polizei hat einen erwischt beim Rasen? - *Shame*! (mit Stirnrunzeln). Die Kleine hat eine so süsse Bemerkung gemacht? - *Shame*! (mit breitem Lächeln). Der Südafrikaner macht einen Witz? - *Shame*! (mit lautem Lachen).

Für einen Ausländer ist dieser Ausdruck ein absoluter Glücksfall. Wir liefern immer die passende Erwiderung und gewinnen genügend Zeit, um uns den nächsten Satz im Kopf bereit zu legen.

„Sorry" braucht man anerkanntermassen als Entschuldigung, sogar in der (neueren) deutschen Sprache. Die Südafrikaner sagen aber grundsätzlich *sorry*, wenn einem etwas Schlechtes widerfährt. Wenn Tim zum Beispiel stolpert und stürzt, dann bricht die gesamte Krippenbrigade in *„sorry"* aus. Wenn ich meine Autoschlüssel zu Boden fallen lasse murmelt Clara ein scheues *„sorry"*. Kann man auch gut anwenden als Ausländer und sich so richtig zugehörig fühlen.

Das letzte unabdingbare Wort im südafrikanischen Englisch ist *hectic*. Ein total praktisches Adjektiv, das für alles Mögliche benützt werden kann: Der Verkehr ist *hectic*, der Job, die Auseinandersetzung mit Telkom, das Leben mit Kleinkindern sowieso.

Auch sehr südafrikanisch und supereinfach für uns ist „*ag*": Das Wort wird ausgesprochen wie „ach" und genauso benützt wie seine deutsche Entsprechung, nur etwa tausendmal häufiger. Sogar im Englischen, obwohl *ag* aus dem Afrikaans kommt.

Tim versteht schon ein bisschen Afrikaans und sogar ein paar Worte Xhosa, die er von Clara und in der Krippe gelernt hat. Ich warte nur darauf, bis er mir übersetzen kann, was die Verkäuferinnen immer miteinander diskutieren, sogar wenn ich daneben stehe.

Mit mir sprechen alle Englisch, jedenfalls in Johannesburg. Ganz selten werde ich in Afrikaans angesprochen, obwohl das laut Statistik viel öfter als Muttersprache genannt wird als Englisch.

Das Holländisch der neuen Siedler am Kap, Worte ihrer malaiischen Sklaven aus den holländischen Kolonien sowie Einflüsse von Englisch und Französisch und den afrikanischen Sprachen haben sich zur Sprache der Buren oder Afrikaner geformt, dem Afrikaans.

Eigentlich wäre ich sogar bereit gewesen, ein bisschen Afrikaans zu lernen – wäre sicher nicht so schwierig gewesen, denn die Sprache hat dieselbe Wurzel wie Deutsch. Aber wenn eh niemand Afrikaans mit mir spricht... Wahrscheinlich wäre das in einer kleineren Stadt als Johannesburg anders.

Dass ich eine der neun afrikanischen Sprachen in Südafrika spreche, erwartet offenbar niemand von mir, denn ich werde nie in einer davon angesprochen.

Auswendig aufzählen könnte ich sie nicht, aber mit dem aufgeschlagenen Reiseführer neben mir kann ich sie hier auflisten: Zulu, Xhosa, Pedi, Tswana, Sotho, Tsonga, Swati, Venda und Ndebele.

Der berühmte Bischof Tutu hat nach dem Fall der Apartheid für Südafrika den Begriff der *Rainbow Nation* geprägt, die Regenbogen-Nation. Die Nation mit ihren Kindern aller Farben und Sprachen. Ein modernes Babylon.

Mittlerweile ist der südafrikanische Winter eingekehrt. Morgens riecht die Luft nach den Holzfeuern, die zum Heizen angezündet werden. Die Radiostationen rufen dazu auf, warme Decken zu spenden für die Armen.

Erstaunlicherweise hat der grössere Teil der Bäume seine Blätter verloren, und es sieht fast so aus, als hätten sich dahinter eine Menge Schlümpfe versteckt. Die sieht man jetzt nämlich morgens und abends zu Hauf neben der Strasse: Schlümpfe am Marschieren, Schlümpfe die ins Taxi einsteigen, Schlümpfe auf der Ladefläche eines *bakkies*, männliche Schlümpfe, weibliche Schlümpfe, Schlümpfe mit roten, braunen, blauen, gestreiften Mützen... Klar, es liegt an den Mützen. Trotz Suchen habe ich keine solchen Mützen in den *shopping malls* gefunden, es müssen die billigsten der billigen Mützen sein. Einfach hochelastische, gerade, maschinengestrickte Strümpfe, auf einer Seite zusammengenäht, auf der anderen offen. Die werden über den Kopf gestülpt, wo sie weit werden, und sich nach oben verjüngen. Schlumpfartig, eben.

Morgens ist es rund sechs Grad kalt, wenn ich die Jungs zur Schule fahre, weshalb die aus der Schweiz mitgebrachten Daunen- und Fleecejacken doch noch zum Einsatz kommen. Auf Mützen und Handschuhe verzichten wir, weil wir uns ja nur vom Haus ins Auto und vom Auto wieder ins Haus bewegen und das Thermometer bis in zwei bis drei Stunden sowieso wieder auf 15 Grad geklettert ist.

Die Sonne steht im Winter ganz tief am Himmel, so dass ich vor allem am Morgen und am späteren Nachmittag im Auto geblendet werde. Das Licht ist jetzt ganz anders als in Europa, irgendwie golden und ein ganz kleines bisschen dunstig, die Farben in der Natur wirken gedämpft.

Seit mehr als drei Wochen hat es nicht mehr geregnet (es wird während fast vier Monaten nicht mehr regnen) und die Luft ist ganz trocken. Das macht sich in den Schleimhäuten bemerkbar, meine Nase ist ganz ausgetrocknet und ich habe morgens öfters Nasenbluten, und zudem ist die Haut an meinen Schienbeinen schon ganz schuppig. Ich kaufe mir ein Körperöl, um sie wieder einigermassen ins Lot zu bringen.

Im unserem Garten lässt sich kein grosser Unterschied zwischen Sommer und Winter erkennen. Einige Büsche haben die Blätter verloren, doch die Bäume und die anderen Büsche sind noch immer grün. Die Rosen blühen immer noch, wenn auch auf recht kahlen Zweigen. Der vor drei Monaten angeheuerte Gartenservice schickt sein Team weiterhin jede Woche. Das erledigt sein Pensum, wenn auch ein reduziertes, denn das Rasenmähen fällt zum Beispiel weg: Das Gras ist noch grün, aber es wächst nicht mehr.

Es ist immer ganz interessant, den Gärtnern beim Arbeiten zuzugucken: Sie arbeiten nicht kollegial, wie ich es eigentlich erwartet hätte, sondern jeder hat seine Spezialaufgaben, zum Beispiel Rasen mähen, die Erde lockern, den Pool reinigen, etc. Und wenn er seine Arbeit erledigt hat, dann hilft er nicht seinen Kollegen, sondern setzt sich unauffällig in den Schatten und wartet.

Pausen scheinen im südafrikanischen Arbeitsalltag eine grosse Rolle zu spielen. Das lässt sich auch andernorts feststellen, zum Beispiel bei den Gärtnern im Estate. Bei uns um die Ecke wird ein Bewässerungssystem eingerichtet, und dafür muss zuerst einmal ein Graben rund um das Beet ausgehoben werden. Drei Männer sind für diese Arbeit zugeteilt. Immer einer arbeitet, und die anderen liegen im Schatten.

Bei solchen Projekten, ebenso wie bei meinem Gartenservice, ist es in Südafrika an der Tagesordnung, dass die Arbeit von Schwarzen erledigt wird, die von einem Weissen beaufsichtigt werden. Im seltenen Fall zum Beispiel, dass der Chef meines Gartenservices auch auftaucht (weil ich telefoniert und ihn um etwas „Spezielles" gebeten habe, zum Beispiel die Rosen zu spritzen, weil sie voller Blattläuse sind), dann gibt er nur Anweisungen. Es scheint ihm nicht im Traum einzufallen, auch nur einen dürren Zweig aufzuheben und auf den Haufen zu werfen - lieber befiehlt er einem seiner Mitarbeiter, das zu tun.

Ich fühle mich immer sehr unwohl, wenn ich daneben stehe, denn ich kann wirklich nur schwer zuschauen, wie jemand arbeitet. Gut, ich bin da vielleicht ein bisschen extrem, aber ich bin mir sicher, dass es anderen Europäern ähnlich geht!

In Südafrika scheint es viele Angestellte und vor allem auch Chefs nicht zu stören, dass man sie beim Nichtstun sieht, während sie eigentlich bei der Arbeit sind. Die Vorgesetzten stehen da und schauen ihren Angestellten beim Arbeiten zu - das läuft wohl unter „Beaufsichtigen". Wenn kein Chef beaufsichtigt, gönnen sich auch die Angestellten ein ausgedehntes Päuschen: Die Gärtner im Estate hocken gerne im Schatten statt sich um das Unkraut zu kümmern, die Verkäuferinnen palavern gerne hinter der Theke statt einzukassieren. Im Restaurant braucht es grob geschätzt fünfmal mehr Personal als in einer vergleichbaren Gaststätte in der Schweiz.

Böse ausgedrückt: Viele Südafrikaner scheinen lieber zu faulenzen als zu arbeiten. Nett ausgedrückt: Langeweile scheint in diesem Land kein Problem zu sein.

9

Wir leben jetzt auf der falschen Erdhalbkugel, soviel ist klar. Das mit den Feiertagen, das ist schwierig. Sind wir nicht aufgewachsen mit Osterfeiern in einem richtigen Frühling, mit grau-braunem, noch leblosem Garten? In dem höchstens Osterglocken vom kalten Aprilwind zerzaust wurden, oder sogar noch Schnee lag auf den Schneeglöckchen?

Und was ist mit den angenehmen Feiertagen im Mai, der Auffahrt und den Pfingsttagen, in denen sich jeder Schweizer für ein paar Tage gen Süden wendet, um die Hälfte des langen Wochenendes in endlosen Staus auf der Autobahn zu verbringen?

Und Weihnachten, das ist doch gleichbedeutend mit kalten, dunklen langen Nächten, Bummeln unter Weihnachtsbeleuchtungen, Glühwein, Schnee... Wir werden sehen, wie sich Weihnachten feiern lässt im südafrikanischen Hochsommer.

Aber vorerst sind wir gespannt auf die 1. August-Feier, den schweizerischen Nationalfeiertag. Er ist so günstig gelegen mitten im europäischen Sommer und den Sommerferien, dass mein Schweizerherz ihn immer verbinden wird mit saftigen Bergwiesen samt Heuduft, Höhenfeuern, Bratwurst vom Grill in rosa Metzger-Wachspapier gewickelt, bundesrätlichen Ansprachen, Handorgelmusik, langen lauen Sommerabenden draussen unter Lampions...

Lukas und ich haben Glück, wir werden zur 1. August-Feier in ein kleines Stück Schweiz eingeladen: In die Residenz des Schweizer Botschafters. Wie die schweizerische Botschaft gilt auch die Residenz als schweizerisches Territorium, wo Schweizer Recht anwendbar ist. Ein Stückchen nutzloses Wissen, mit dem mich ein anderer Gast während dem Empfang füttern wird.

Wir machen uns auf den Weg in die südafrikanische Hauptstadt Pretoria und haben am Ende der rund dreissigminütigen Fahrt keinen Zweifel darüber, dass wir die Residenz des Schweizer Botschafters erreicht haben: Eine grosse Villa, in einer Strasse mit eleganten schattenspendenden Bäumen, unter polizeilicher Bewachung und mit einem unmissverständlichen Duft nach geschmolzenem Käse.

Im Entrée stehen das Botschafter-Ehepaar und einige Mitarbeiter der Botschaft samt Partner zur Begrüssung bereit, wir schütteln allen die Hände und finden uns dann wieder auf einer grosszügigen Veranda mit Blick auf den Garten: in der Mitte ein blauer, kühl aussehender Pool, daneben abfallende grüne Wiesenflächen zwischen blattlosen Jacaranda-Bäumen und rosa Bougainvilleas.

Im strahlenden Sonnenschein stehen Grüppchen von formell gekleideten Menschen herum, die aber nicht alle schweizerisch aussehen. Wie wir herausfinden werden, setzt sich die Gästeschar zusammen aus Angehörigen anderer Botschaften (und somit Nationen) und Schweizern, die in Pretoria und Umgebung wohnen.

Unter den Flaggen der Schweiz und Südafrikas steigen wir die Veranda-Treppe hinunter und mischen uns unter die Gäste, von denen Lukas zum Glück schon einige kennt, aus dem Swiss Business Council. Mitarbeiter von Nestlé, Swiss International Airlines, ABB... Doch, es hat durchaus ein bisschen *swissness* - nebst dem Weisswein, dem Bündnerfleisch und den Blätterteig-Käsestängeln, die zum Apéro gereicht werden.

Das vorherrschende Thema in den Gesprächen ist die Tatsache, dass sich Benin doch tatsächlich den 1. August für seine eigene Feier geschnappt hat, so dass wir armen Schweizer uns dieses Jahr am 31. Juli in Pretoria zum Feiern einfinden müssen. Prima Smalltalk-Thema, bei dem man nichts falsch machen kann.

Im formellen Teil der Feier lauschen wir den Ansprachen des Schweizer Botschafters, eines Vertreters der südafrikanischen Regierung, und schliesslich der schweizerischen Landeshymne ab Band, in die der Botschafter mutig am Mikrofon einstimmt, während wir auf dem Rasen nach einem nervösen Blick auf unsere Nachbarn vor uns hinsummen und auf unsere Füsse starren.

Der nächste Programmpunkt ist das Mittagessen in Form von *Raclette*, geschmolzenem Käse mit Pellkartoffeln, das wir uns in zwei endlosen Warteschlangen geduldig erwarten müssen. Zumindest gibt uns das Zeit, um eine Strategie zu entwerfen, wie wir nachher unser Weinglas balancieren und den geschmolzenen *Raclette*-Käse samt Pellkartoffeln und Silberzwiebel im Stehen vertilgen wollen. Ich empfehle, das Weinglas leer zu trinken und zu deponieren. Die perfekte Lösung, um das Angenehme mit dem Nützlichen zu verbinden.

Unseren Nationalfeiertag habe ich als Anlass genommen, um mich in die Geschichte Südafrikas einzulesen. Wie es sich gehört für die *Rainbow Nation*, die Regenbogen-Nation, ist auch ihre Geschichte farbig:

Es war einmal ein Land, in dem braune Buschmänner als Jäger und Sammler durch den Busch zogen und in das schwarze Bauern mit ihrem Vieh einwanderten. Später landeten in Kapstadt weisse Siedler, die ihre gelben Sklaven aus den holländisch-malaysisch-indonesischen Kolonien mitbrachten.

Die braunen Hottentotten und Buschmänner, heute Khoikhoi und San genannt, befinden sich seit Jahrhunderten zwangsläufig auf dem Rückzug. Die Einwanderung der Europäer beschleunigte diesen Prozess nur, denn die weisse Siedlung dehnte sich von Kapstadt immer weiter und weiter ins Land aus, und die Weissen betrachteten sich als Besitzer des von Ihnen in Anspruch genommenen Landes und duldeten keine „Landstreicher" darauf.

Zudem drängten aus der Region des heutigen Simbabwe weitere afrikanische Stämme in das Gebiet des heutigen Südafrika, worauf mehr Weideland für das Vieh in Anspruch genommen wurde, und auch diese Bauern duldeten keine Jäger und Sammler in ihrem Gebiet.

Während das zahlenmässig bescheidene Volk der Khoikhoi durch Pockenepidemien, Kämpfe und gemischte Ehen mit Schwarzen praktisch verschwunden ist, finden sich San-Familien heute noch in den wüstenartigen Gebieten der Kalahari, wo sie sich mit beeindruckenden Überlebenstechniken dem unwirtlichen Gebiet angepasst haben.

Die San haben aber in weiten Teilen Südafrikas ihr kulturelles Erbe hinterlassen. Anschauen kann man zum Beispiel die faszinierenden, elegant gemalten, jahrhundert- bis jahrtausendealten Felsmalereien, die in fast allen Gebieten des Landes zu finden sind. Zu hören sind die Schnalz- und vor allem Klicklaute der San-Sprachen, die viele afrikanische Stämme in ihre Sprache übernommen haben.

In Zulu und Xhosa wird zum Beispiel das x als Klicklaut ausgesprochen, ein knallendes Schnalzen mit der Zunge. Wer nicht damit aufgewachsen ist, kann diese Laute kaum kopieren. Die Historiker gehen daher davon aus, dass die Klicklaute durch gemischtrassige Ehen zwischen San und schwarzafrikanischen Stämmen in die afrikanischen Sprachen Eingang fanden.

Das erklärt auch ein drittes Erbe der Buschmänner, das im Alltag Südafrikas deutlich zu sehen ist: die ausladenden Hinterteile vieler schwarzer Frauen. Wie sich auch in den Felsmalereien der San sehen lässt, verfügten die weiblichen Mitglieder der San-Stämme öfters über Hintern, die für unsere Augen unglaublich weit nach hinten geschwungen sind. Als ob wir uns ein, oder noch besser zwei bis drei Daunenkissen auf unseren Po binden würden. Angeblich dienten diese Hinterteile als Sitz für die Kinder der San, die während der täglichen Wanderungen bequem auf Mama mitreiten konnten. Heute dienen sie als tolle Einkommensquelle für Schneiderinnen, die ihren kurvigen Kundinnen die Jeans auf Figur nähen, weil diese keine Hose von der Stange tragen können.

Die schwarzen Stämme im Gebiet des heutigen Südafrika waren seit eh und je sehr vielfältig und lieferten sich dementsprechend auch immer wieder Scharmützel, wobei es um Ehre ging, aber auch darum, Land zu erobern und möglichst viel Vieh zu erbeuten. Vor der Ankunft der Weissen stand die Viehwirtschaft im Mittelpunkt dieser bäuerlichen Gesellschaften.

Bei den sogenannten Nguni-Stämmen, den Zulu, Xhosa, Swasi und Ndebele, drehte sich das Leben vor allem um die Zucht und Pflege der *Nguni*, der wunderschönen weiss-braun-schwarz gefleckten Kühe mit den geschwungenen, spitzen Hörnern.

Als sich die Weissen am Kap niederliessen und sich von dort aus daran machten, immer mehr Land zu besetzen, führte das bei den schwarzen Stämmen zu grossem Druck, weil unter ihnen gleichzeitig auch Völker- bzw. Stammeswanderungen stattfanden. Die Zulu zum Beispiel wanderten in ein Gebiet ein mit rollenden grünen Hügeln, das sie als so schön beeindruckte, dass sie es „Himmel" nannten - *KwaZulu*.

Als erste trafen die Weissen auf den Stamm der Xhosa, mit denen sie sich im Laufe der Jahrhunderte neun sogenannte Grenzkriege lieferten. Die Xhosa erlangten Mitte des 19. Jahrhunderts traurige Berühmtheit, als sie der Weissagung eines Teenager-Mädchens folgten und alle ihre Vorräte vernichteten, ihre Tiere schlachteten und darauf vertrauten, dass die Götter durch diese Massnahmen günstig gestimmt seien und die weissen Eindringlinge ins Meer trieben. Der anschliessenden Hungersnot fielen Zehntausende von Stammesangehörigen zum Opfer.

Trotz Tapferkeit und ausgefeilten Kampfstrategien konnten die schwarzen Stämme letztlich den überlegenen Waffen der Weissen nichts entgegenhalten. Am 16. Dezember 1838 zum Beispiel verschanzten sich 470 Buren mit Gewehren und zwei Kanonen samt 200 Bediensteten in ihrer Wagenburg, ihrem *Laager*, als sie von zwischen 10'000 und 20'000 Zulus angegriffen wurden. Die Zulus verloren mehr als 3'000 Krieger, die

Buren hatten hingegen nur drei Verwundete zu versorgen. Dieser Sieg wurde von den Buren als Wunder gefeiert und fortan als Feiertag begangen. Heute ist der 16. Dezember immer noch ein Feiertag in Südafrika, und zwar *the Day of Reconciliation*, der Tag der Versöhnung.

Die Weissen segelten seit 1488 am stürmischen Kap der Guten Hoffnung vorbei, bis sie auf die Idee kamen, hier eine Niederlassung zu gründen. Die holländische *Verenigde Oost-Indische Compagnie*, die Gewürzhandel zwischen Holland und Indonesien betrieb, baute 1652 eine kleine Siedlung in Kapstadt auf mit dem Ziel, ihre Schiffe mit Früchten, Gemüse und Wein zu versorgen und damit die schrecklichen Mangelkrankheiten der Seeleute zu lindern oder gar zu verhindern.

Dieser kleinen privaten Siedlung strömten immer mehr weisse Einwanderer zu: mehr Holländer, Deutsche, Engländer und insbesondere auch die in Frankreich wegen ihres reformierten Glaubens verfolgten Hugenotten. Die letzteren nahmen die Weinproduktion an die Hand, verwandelten den holländischen Fusel mit Essiggeschmack in hochstehenden Wein und legten den Baustein für die heutige überaus erfolgreiche Weinindustrie in Südafrika. Ihre französischen Nachnamen wie z.B. du Plessis oder du Toit sind im modernen Südafrika immer noch sehr weit verbreitet. Allerdings wurde die Aussprache angepasst: Wer nach Herrn „dütuà" verlangt, wird verständnislos angeschaut, denn es gibt hier nur Herrn „dutòit".

Die Siedlung am Kap erregte die Aufmerksamkeit der seefahrenden Engländer, die sie sich um 1800 einverleibten. Die einstige Versorgungsstelle einer Privatfirma wurde zur Kolonie und damit Teil eines weltumspannenden Imperiums.

Das moderne England, hungrig nach Besitz, Land und Macht, stellte sich den streng religiösen, altväterlich mit ihren Sklaven lebenden Buren, den afrikaans sprechenden Südafrikanern, entgegen. Die weitreichenden Regelungen und Gesetze des englischen Weltreichs, wie zum Beispiel das Verbot der Sklaverei, waren für die freiheitsliebenden und unabhängig lebenden Buren inakzeptabel.

Deren Reaktion war deshalb deutlich: Sie packten ihre Habseligkeiten auf Ochsenwagen, versammelten ihre Sklaven und Viehherden und zogen als *Voortrekker* oder *Trekker* ins Landesinnere. Nach Kämpfen mit den schwarzen Stämmen und Eroberung des Landes gründeten die Buren den *Oranje Vrystaat*, den *Transvaal* und die *Nieuwe Republiek*.

Die Engländer hatten kein übermässiges Interesse an diesen landwirtschaftlichen Gebieten. Doch zum Unglück der Buren liegen die Städte mit dem weltweit grössten Diamantenvorkommen, Kimberley, und dem weltweit grössten Goldvorkommen, Johannesburg, im damaligen Buren-Gebiet.

Nach der Entdeckung der Bodenschätze strömten Glückssucher, Abenteurer und ihre Begleiter ins beschaulich-bäuerliche Land der Buren, und damit richtete sich das Interesse der Engländer auf die Buren-Republiken.

Wie die Zulus, überzogen die Engländer auch die Buren mit Krieg. Im entsetzlichen Anglo-Burenkrieg von 1899 bis 1902 mussten die Buren angesichts der englischen Übermacht bald auf eine Guerrillastrategie ausweichen. Die Engländer agierten ohne Gnade und zwangen die Buren in die Knie, indem sie deren Dörfer und Bauernhöfe niederbrannten und ihre Frauen, Kinder und Farmarbeiter in Konzentrationslagern verschmachten liessen. Hunger und Krankheiten kosteten dort mehr als 40'000 Menschen das Leben.

Nun übernahmen die Briten endgültig das Ruder in Südafrika und führten das Land über in eine Republik.

Das bedeutete auch das definitive Ende der Sklaverei. Die Holländer hatten im 17. Jahrhundert Sklaven aus ihren damaligen Kolonien in Südostasien sowie aus anderen afrikanischen Staaten wie zum Beispiel Madagaskar eingeführt.

Heiraten wollten die Männer damals zwar nur eine weisse Frau, aber wegen dem akuten Frauenmangel in der frühen Kap-Kolonie wird davon ausgegangen, dass drei Viertel der von den damaligen Sklavinnen geborenen Kinder einen weissen Vater hatte. Den mehr oder weniger zarten Banden zwischen asiatischen und afrikanischen Sklaven, Weissen, Khoikhoi, San und südafrikanischen Stämmen entspross der Bevölkerungsteil der Farbigen, der *Coloureds*.

Unter der Herrschaft der Engländer, die in Indien über eine grosse Kolonie verfügten, wurden im späten 19. und frühen 20. Jahrhundert viele Inder mit befristetem Arbeitsvertrag ins Land geholt, um auf den Zuckerrohrplantagen an der Küste von KwaZulu-Natal als billige Arbeitskräfte zu arbeiten. Die meisten blieben in Südafrika.

Die junge südafrikanische Republik verfügte also im wahrsten Sinne des Wortes über Menschen aller Couleur: Braun, schwarz, weiss, farbig und indisch/asiatisch.

Dem damaligen Verständnis entsprechend sollten die Menschen nach ihren Farben getrennt im gleichen Land leben. Das wurde andernortes zu jener Zeit auch so gehandhabt, in Amerika zum Beispiel.

Südafrika jedoch brach in dieser entsetzlichen Ausprägung des Rassismus alle Rekorde. Für die klare Trennung der Rassen - unter besonderer Begünstigung einer einzigen - gibt es ein südafrikanisches Wort, das um die Welt ging und diese schreckliche Politik bezeichnet: Apartheid.

Die Bevölkerungsgruppen werden nach der Farbe ihrer Haut *apart* (= getrennt) gehalten. Die Weissen führten das Zepter im Land und sorgten dafür, dass die Angehörigen ihrer Rasse alle Privilegien für sich in Anspruch nehmen konnten.

Die schönsten Strände standen zum Beispiel den Weissen zur Verfügung, die besten Jobs sowieso, und die andersfarbigen Menschen mussten sich mit dem begnügen, was ihnen noch so zugestanden wurde. Daran ändern konnten sie auf politischem Weg nichts, weil sie kein Wahlrecht besassen.

Kein Wunder, dass diese Politik als ungerecht empfunden wurde und die unterdrückten Menschen begannen, sich in Gruppen zu organisieren, die dann flugs vom Establishment verboten wurden.

Die wohl bekannteste dieser Gruppen ist die Partei, welche heute die südafrikanische Regierung bildet: Der African National Congress, ANC. 1912 gegründet, setzte sich die Organisation mit friedlichen Mitteln gegen die Unterdrückung ein. Ihr damaliger Präsident Albert Luthuli erhielt 1960 den Friedens-Nobelpreis für sein Engagement. Nur ein Jahr später führte der ANC jedoch den bewaffneten Kampf ein, worauf die Organisation auch von ausländischen Staaten als terroristische Gruppe eingestuft wurde.

Erst 1990 hob der damalige südafrikanische Präsident Frederik de Klerk das Verbot der regierungskritischen politischen Organisationen auf. Dies war der erste Schritt zur Freilassung der politischen Gefangenen und zur Aufhebung der Apartheid.

Der Übergang von der Apartheid-Ära zu einer wahren Demokratie in Südafrika ist bemerkenswert. In diesem Land leben heute Menschen friedlich zusammen, die sich seit Jahrhunderten blutig bekämpft haben, ohne sich jemals miteinander richtig auszusöhnen. Die Kämpfe in Südafrika waren nicht nur zwischen weiss und schwarz, sondern auch zu einem grossen Teil zwischen den schwarzen Stämmen sowie zwischen den beiden weissen Lagern.

Eigentlich haben fast alle gegen fast alle irgendwann einmal gekämpft. Eine Versöhnung oder Verbündung mit dem ehemaligen Feind hat nie stattgefunden. Aber auch wenn die Verbitterung zwischen verschiedenen Bevölkerungsteilen heute noch manchmal zu spüren ist, hat man sich in einem gemeinsamen Staat arrangiert.

In dieser schwierigen Wandlung hatte Südafrika das Glück, von ein paar grossartigen Männern geführt zu werden: Bischof Desmond Tutu, Frederik Willem de Klerk und vor allem Nelson Mandela.

Alle drei sind Friedensnobelpreisträger. Ihnen und vielen international nicht bekannten Südafrikanern ist es zu verdanken, dass das Land im Übergang vom Apartheid-Regime zur Regierung durch den ANC nicht im Bürgerkrieg versank.

Eigentlich wollten sich die Zulus einen eigenen Staat aufbauen, und die Buren bzw. Afrikaaner wollten sich schon im *Laager* einbunkern...

Aber dann folgten die Südafrikaner dem Aufruf ihrer Führer nach *truth and reconciliation,* also die Wahrheit zu beichten und sich mit dem Feind zu versöhnen. Sie vereinten sich in einem einzigen Staat, auf den sie stolz sind. *Proudly South African.* In der *Rainbow Nation,* der Nation aller Farben.

Ein kleines Wunder.

Wenn nur andere Länder von Südafrika lernen könnten!

10

Lukas muss einen Kunden in KwaZulu-Natal besuchen, einer südafrikanischen Provinz am Meer im Süden von Johannesburg. Praktischerweise findet das Meeting am Freitagnachmittag vor einem langen Wochenende statt, so dass wir beschliessen, die Gegend ein bisschen zu erkunden.

Kurz nach Dundee biegen wir vom Asphalt auf eine ungeteerte Strasse und rattern ziemlich viele Kilometer weit an wilden Wiesen und verstreuten Siedlungen vorbei, immer auf dem Ausguck nach gemütlichen Kühen, kleinen Herden von Ziegen und dünnen Hunden, die hundertmal zahlreicher sind auf der Strasse als Autos. Hier sind wir eindeutig in Afrika.

Die Siedlungen bestehen meist aus ein paar Häuschen, die auf staubigem Boden stehen und von einem Zaun aus unbehauenen Ästen und kleinen Baumstämmen umgeben sind. Traditionell, und das sind die Zulus hier auf dem Land, gehört ein solcher *kraal* einem Mann und seinen Ehefrauen.

Polygamie ist hier die Norm. Auch wenn die Frauen zusammen leben, so hat doch jede Anrecht auf ihr eigenes Haus, was die Anzahl der kleineren Häuschen im *kraal* erklärt.

Die traditionell gebauten Häuser der Zulus sind rund oder oval, diese Häuschen werden denn auch *rondavel* genannt. Soweit ein erster Augenschein zeigt, wird diese Bauweise jedoch fast nur noch für die Kochhäuschen benützt. Die Wohnhäuser sind viereckig gebaut und verteilen sich nach einem strengen traditionellen System innerhalb des *kraals*. Dazwischen steht noch der eine oder andere schattenspendende Baum, und meist picken ein paar Hühner zwischen den Häuschen.

Die Kühe und Ziegen verbringen die Nacht ebenfalls im *kraal*, und zwar unter offenem Himmel, doch vor den wilden Tieren mittels einem Zaun aus Ästen und Dornen geschützt. Frei streunende Löwen gibt es in Südafrika nicht mehr in Wohngebieten, aber wilde Leoparde können eigentlich überall vorkommen.

Wie sich der Europäer Afrika vorstellt: Genau so sieht es hier aus. Wir sind mächtig beeindruckt.

Um etwas mehr über die Zulus und die südafrikanische Geschichte zu erfahren, haben wir uns in der Fugitives Drift Lodge einquartiert, die geführte Ausflüge zu den nahen Schlachtfeldern anbietet.

Nach einem herrlichen Frühstück in unserer Lodge ist es Zeit für die erste historische Tour. Tim und Max sind bereits unterwegs zu einem Besuch bei den Pferden mit ihrer Babysitterin, als wir in den Landrover klettern.

Unser Führer Rob Caskie schaltet als erstes den CD-Player ein mit einem Hörbuch, in dem der verstorbene Gründer der *Battlefields-Tours,* David Rattray, die Hintergründe der Schlacht erzählt, zu deren Schauplatz wir unterwegs sind. David war ein international bekannter Militärhistoriker, der sich ganz der Geschichte der Kämpfe zwischen den Briten und den Zulus verschrieben hat.

Im Hörbuch erzählt er zum Beispiel die Geschichte der Zulus, deren Königreich im 18. Jahrhundert vom berühmten Häuptling Shaka durch die Eroberung und Vereinigung von mehreren kleineren Stämmen gegründet wurde. König Shaka war ein grosser Stratege und Heerführer. Die Eroberung der anderen Stämme gelang ihm, weil er die Krieger seines Stammes in revolutionärer Weise ausbildete, sie mit einer neuen Waffe ausrüstete (dem *assegai,* einem kurzen Speer zum Zustechen statt zum Werfen) und sie in einer neuen Gefechtsordnung in die Schlacht schickte.

Beflügelt von diesen Erfolgen bauten die Zulus ihr Königreich als Kriegernation auf, in der die Männer im Heer aufwuchsen und ihren Kriegsdienst leisten mussten bevor sie überhaupt heiraten durften.

Wenngleich es sich den Briten gegenüber durchaus friedfertig verhielt, war dieses Königreich mit seiner kriegerischen Tradition dem kolonialen Grossbritannien ein Dorn im Auge da dieses für Südafrika einen Bundesstaat nach kanadischem Modell plante. Eigentlich gegen ihren Willen wurden die Zulus von den Briten unumgänglich provoziert und in einen Krieg gezogen.

Flugs überquerten die letzteren 1879 den einhellig als Grenze anerkannten Buffalo-River mit dem Ziel, die Kriegsmacht der Zulus ein für alle mal zu brechen.

Mehr als 100 Jahre später, und immer noch den Ausführungen von David Rattray lauschend, fahren wir im Landrover auf der tiefliegenden Brücke über den Buffalo River bei Rorke's Drift.

Die Gegend ist hügelig, man sieht, wo sich ein Fluss oder Bach seinen Weg ins Gestein geschnitten hat.

Rob, unser Führer, stoppt den Landrover auf einer Anhöhe zwischen den typischen stachligen Agaven und bittet uns auszusteigen. Als ob er 1879 dabei gewesen wäre, beschreibt er mit farbigen Worten, wie die britischen Truppen bei Rorke's Drift ins Zululand eindrangen, das erste Dorf überfielen, und dann in Richtung des Zulu-Hauptortes weiterzogen.

Vor ihnen, und vor uns, erhebt sich das auffälligste Merkmal der Landschaft, ein felsiger, teilweise bewachsener Berg: Isandlwana.

Wie man aus ihren Briefen weiss, jagte er vielen der britischen Soldaten Angstschauer über den Rücken, weil er - allerdings nur mit viel Fantasie, wie ich finde - vom Buffalo River aus eine Form wie die ägyptische Sphinx zeigt. Mit ungutem Gefühl marschierten die Soldaten also in ihren roten Woll-Jacken und weissen Helmen mit ihrem Gepäck und den grossen, schweren, von Ochsen gezogenen Wagen in den Schatten des Berges, wo sie auf Befehl ihres Kommandanten ein provisorisches Lager errichteten.

Rob kutschiert uns vorerst auf einen langen Hügelzug zur Linken des Berges, von dem aus man einen überwältigenden Blick auf die Umgebung hat, was die Zulus offenbar auch wussten - dies war der Ort, wo sie im Dunkel der Nacht ihre rund 20'000 Köpfe zählende Streitmacht postierten, um am nächsten Morgen die Briten anzugreifen.

Direkt unter uns liegt das Schlachtfeld von Isandlwana, das Rob übrigens als „I-san-dluàna" ausspricht. Es ist eingezäunt, als Museum.

Im bereits ausgetrockneten braunen hohen Gras liegen zahllose kleinere oder grössere Pyramiden aus weiss angemalten unbehauenen Steinen verstreut. Darunter haben, wie uns Rob erklärt, die Briten ihre Gefallenen begraben. Über 1'300 Mann, insgesamt, begraben am Ort, wo sie gefallen sind, mit ihren Schlachtgefährten, mit denen sie Rücken an Rücken ihre letzen Minuten erlebt haben.

Im Landrover durchfahren wir das Schlachtfeld und Rob reiht bequeme Campingstühle auf einer Anhöhe zur Rechten des Berges auf, von wo wir bis weit in die Hügel von KwaZulu-Natal sehen können.

Und dann beginnt die eindrücklichste Geschichtsstunde meines Lebens, mit Ausblick auf den Ort des Geschehens.

Mit Buschhut und kurzen Hosen vor uns stehend und seinen knorrigen Wanderstock als Zeigestab und zur Unterstreichung seiner Worte benutzend, lässt Rob vor unseren Augen die Geschehnisse des 22. Januar 1879 vor uns lebendig werden. Er erklärt, wie der Kommandant der Briten seine Truppen aufgeteilt hat, um mit dem grösseren Teil die Zulus an ihrem vermuteten Standort zu bekämpfen, während der kleinere Teil zur Verteidigung des Lagers zurückgelassen wurde.

Wie das Lager nur provisorisch sein sollte, weshalb die Engländer fatalerweise nicht die sonst üblichen Vorkehrungen getroffen hatten wie einen Graben ums Lager zu ziehen, die schweren Ochsenwagen umzukippen und diese als *Laager* anzuordnen.

Wie die Zulus von ihrem König Cetshwayo die Anweisung erhalten hatten, die Engländer nur beim Marschieren anzugreifen, weil sie sonst mit ihren überlegenen Waffen zu stark seien.

Wie die Zulu-Anführer jedoch das schlecht organisierte britische Lager richtigerweise als leichtes Ziel eingestuft hatten.

„Sandra," neigt sich Rob zu mir und tippt mir mit seinem Zeigefinger fast auf die Nase, „und weisst Du, wie viel Kampferfahrung der für das Lager verantwortliche Brevet Lieutenant Colonel Henry Pulleine hatte? - Keine!"

Vor der Antwort auf seine Frage macht er eine kurze rhetorische Pause, denn erwartungsgemäss kann ich nur mit grossen Augen den Kopf schütteln. Dies im Gegensatz zu unseren Begleitern, zwei englischen Ehepaaren, die über den Anglo-Zulu-Krieg durchaus Bescheid wissen. Offenbar wird dieser inklusive der Schlacht bei Isandlwana auch heute noch an englischen Schulen gelehrt, weshalb der grösste Teil der Teilnehmer an den Isandlwana-Touren aus Grossbritannien stammt.

Durch Robs farbige und direkte Erzählweise geführt, sind wir dabei, als die Zulu-Kommandanten mit kehligen Worten ihre Krieger zum Angriff anfeuern. Als die verzweifelten Briten merken, dass sie ihre Verteidigungslinie zu weit gezogen und damit ihre Soldaten zu weit voneinander entfernt und leicht angreifbar gemacht haben. Als sich der Kampf mitten zwischen die Zelte der Briten zieht, wo die Zulus in die Zelte schlüpfen und die englischen Soldaten von innen mit ihren *assegai* erstechen. Als sich die letzten Überlebenden der englischen Kolonnen auf eine Anhöhe auf dem Berg Isandlwana zurückziehen, wo eine der grössten Steinpyramiden davon zeugt, wie viele Männer hier ihr Leben liessen. Als die nicht bewaffneten Angehörigen der britischen Streitkräfte auf Pferdesrücken in Richtung Buffalo River flüchteten, nur um von den Zulus eingeholt und vom Pferd gerissen zu werden, in den Sümpfen festzustecken oder im reissenden Buffalo River zu ertrinken. Als zwei der britischen Offiziere beim Versuch, die britische Fahne in Sicherheit zu bringen, beim Fluss getötet wurden.

Kino im Kopf. Ganz grosses Kino!

Vor dem Nachtessen werden am Lagerfeuer im *boma* Getränke serviert. Während Tim seine Freundschaft vertieft mit dem lodge-eigenen Haushund, einem freundlichen Jack Russell Terrier, und Max ihn dabei interessiert beobachtet, versuche ich dem Gespräch der Gäste mit Rob zu folgen.

Rob erzählt gerade, wie die hier ansässigen Menschen leben. Dass sie in ihrem *kraal* wie seit Jahrhunderten keinen Strom und kein fliessendes Wasser hätten. Die Frauen müssen das Wasser immer noch vom Fluss holen, doch zum Kochen und zur Beleuchtung wird nicht mehr Holz, sondern Paraffin benützt.

„Das ist für die Kinder gefährlich. Das Paraffin wird oft in Trinkwasserflaschen wie zum Beispiel alten Coca Cola-Flaschen aufbewahrt, und kleinere Kinder nehmen gerne mal einen Schluck davon", führt Rob aus. „Zudem ziehen sich die Kinder beim Spielen oder Wärmen im Winter am Feuer Verbrennungen zu."

Abgesehen von wenigen Errungenschaften der Neuzeit wie Paraffin oder Plastik ist das Leben der Menschen im ländlichen Zululand zu einem grossen Teil immer noch wie in alten Zeiten. Es gibt praktisch keine Industrie, keine Dienstleistungsbetriebe, kaum

Arbeitsstellen. Die Familien versuchen, sich mit ein paar Kühen, Ziegen und Hühnern durchzuschlagen, und wer Glück hat, wird von einem Verwandten mit einer Arbeitsstelle in Johannesburg oder Durban unterstützt.

Die Gegensätze in Südafrika sind exrem. Wir wohnen in einer grossen Stadt mit allen Annehmlichkeiten und Angeboten, und hier, ein paar Stunden entfernt, haben die Leute so wenig Geld, dass sie mühsam jeden Tropfen Wasser in ihr Haus schleppen müssen.

Am nächsten Morgen führt uns George, ein Kollege von Rob, durch die Schlacht um Rorke's Drift.

Dieses Gefecht fand statt, weil die Reserveeinheit der Zulus bei der Schlacht bei Isandlwana nicht zum Einsatz gekommen war. Die jungen Krieger hatten keine Gelegenheit erhalten, ihre „Speere zu waschen" im Blut der Gegner. Bei der Rückkehr nach Hause hätten sie deshalb nicht heiraten dürfen.

Gegen den ausdrücklichen Befehl ihres Königs Cethswayo, der den Krieg mit den Engländern vermeiden wollte, setzten die rund 4'000 jungen Zulu-Krieger am Tag nach der Schlacht bei Isandlwana über den Buffalo River und griffen die zwei Gebäude von Rorke's Drift an.

Die dort einquartierten 139 englischen Soldaten, zum grösseren Teil verwundet oder krank, hatten jedoch Gelegenheit gehabt, sich mittels grossen Mais-Säcken und Holzkisten voller Biscuits eine Verteidigungsmauer aufzubauen.

Sie hielten dem Angriff stand, und nach stundenlangen Kämpfen mussten die Zulu-Krieger abziehen.

11 der Verteidiger von Rorke's Drift erhielten ein *Victoria Cross*, die höchste britische Auszeichnung für Verdienste im Angesicht des Feindes. Einer davon war ein Schweizer. Es gibt scheinbar gute Gründe, weshalb sich der Papst eine Schweizergarde hält.

Zurück in Johannesburg muss ich eines Morgens nach Sandton fahren, dem Banken- und Geschäftszentrum von Johannesburg, um im Swatch-Laden meine Uhr reparieren zu lassen.

Im unvermeidlichen Stau sitzend habe ich genügend Zeit, um im Autoradio wieder einmal ausgiebig Radio Highveld zu hören. In deren Morgensendung hauen die Radio-DJs rhetorisch auf einander und alle anderen ein, was das Zeug hält. Kein Blatt wird vor den Mund genommen, keine Scheu vor Anzüglichkeiten, über alle Massen frech - das ist Highvelds Morgenprogramm. Wir alle lieben es.

Wenigstens bietet das Radioprogramm etwas zum Lachen, wenn schon der Strassenverkehr oft zum Weinen ist. In dieser Stadt muss sich ein Autofahrer mit einem grossen, starken Auto und viel Geduld wappnen. Das starke Auto braucht er, um sich gegen die Taxis zu behaupten, und die Geduld für den Stau, den es unweigerlich gibt.

Johannesburg ist in den letzten Jahren in einem Tempo gewachsen, mit dem die Strasseninfrastruktur nicht mithalten konnte. Die Strassen und Autobahnen wurden mehr als grosszügig angelegt in Zeiten der Apartheid, als sich nur ein paar weisse Nasen die halbleeren Verkehrswege teilten, doch seither ist viel gelaufen.

Zum Glück ist jetzt die ganze Regenbogennation auf der Strasse vertreten - das sagt mir zumindest mein politisch korrektes Gewissen. Leider gibt es da jedoch ein kleines rassistisches Teufelchen, das mich dazu zwingt, jedes Mal durch die Scheibe des Fahrzeugs zu gucken, das speziell schlecht, speziell langsam oder speziell kurvig unterwegs ist. Weil: Es sind immer schwarze Fahrer. Ich warte noch auf die Ausnahme.

Erstaunlich ist diese „sozialwissenschaftliche" Erkenntnis natürlich nicht, denn die schwarze Bevölkerungsmehrheit hat ja weder die Möglichkeit noch die Mittel, so wie wir Europäer gemütlich und ausgiebig Fahrstunden bei einem ausgebildeten Fahrlehrer zu nehmen. Also fährt man halt einfach so, wie's geht.

Das, hingegen, gefällt mir wieder sehr. In meinem Heimatland ist man ja sehr gesetzestreu und organisiert, und das wird auch von den übrigen Verkehrsteilnehmern erwartet. Vor dem Lichtsignal 2 Sekunden warten, wenn die grüne Lampe leuchtet? Eine Strasse suchen und deshalb mit weniger als den erlaubten 50 Stundenkilometern rollen? Von einer Seitenstrasse auf die Hauptstrasse einfädeln wollen? Nach rechts abbiegen wollen und sich - Gott behüte! - auf der linken Spur befinden?

In Zürich ist das ein Höllenkommando. Eine *Mission Impossible*. Eine Möglichkeit, ohne Schwert *Harakiri* zu begehen.

In Südafrika ist das alles kein Problem. Es findet sich immer irgendwer, der einen einfädeln lässt, ohne deshalb gleich rot anzulaufen vor Ärger. Es findet sich immer irgendwer, der Verständnis hat. Es findet sich immer eine Lücke, um die Spur zu wechseln.

Dann bedankt sich der Südafrikaner höflich mit dem hier geltenden Code: zweimal den Pannenblinker aufleuchten lassen.

Und, hey, die Südafrikaner beherrschen das Reissverschlusssystem astrein! Da muss nicht gezögert und gerätselt werden, wenn sich zwei Fahrspuren auf eine verengen, dann fädelt sich immer schön einer um den anderen ein. Ich bin immer wieder davon begeistert, weil ich das so nicht kannte. Wenn sich auch nur der Hauch einer Möglichkeit zeigt, dass eine von zwei Spuren einer Strasse in den nächsten 12 Kilometern aufgelöst werden könnte, dann wird in der Schweiz erwartet, dass sich die Fahrer auf der Überholspur aus Höflichkeit ohne Verzug in die Normalspur einfädeln.

Das verursacht zwar schlimme Staus, sagen die Verkehrsexperten, aber die Schweizerseele ist glücklich, wenn sich nicht einer einen vermeintlichen Vorteil herausholen kann.

Auch andere europäische Verkehrssitten sind hier unbekannt: Hupen? Das machen nur Taxis, die potentielle Klienten am Strassenrand auf sich aufmerksam machen. Den Vogel zeigen? Da wäre niemand beleidigt, das kennt man gar nicht.

Nun gut, das ist die positive Seite des südafrikanischen Verkehrs, diese Lässigkeit, die Toleranz, ein bisschen etwas Spielerisches.

Auf der negativen Seite muss vermerkt werden, dass ich mich im hiesigen Verkehr viel mehr konzentrieren muss. Taxis und auch andere Verkehrsteilnehmer wechseln mit Lichtgeschwindigkeit die Fahrspur, ihr Blinken kann etwas bedeuten, oder auch nicht, und auf der Autobahn wurde ich schon mehrmals von Lastwagen gezwungen, von 120 auf 45 Stundenkilometer herabzubremsen.

Und beim Bremsen lohnt es sich übrigens, mittels Spiegel auch seinen Hintermann im Auge zu behalten: Der könnte nämlich eine dieser uralten Schwarzen fahren, deren Bremssystem als Antiquität ins Museum aufgenommen werden sollte. Und einem unversehens ins Hinterteil knallen.

Der öffentliche Verkehr, hingegen: Den gibt es eigentlich nicht. Bei Vollmond oder spezieller Wetterlage habe ich zwar schon einen Doppeldeckerbus herumgeistern gesehen, aber sonst...

In Vorbereitung der Fussball-Weltmeisterschaft bemühte sich Johannesburg, ein Busnetz und sogar einen modernen Stadtzug aufzubauen. Der Gautrain bedient nun ein paar wenige Haltestellen.

Aber Busse für die Massen... Das bleibt eine Fata Morgana.

Experten wie meine Maid Clara schütteln hier nur traurig den Kopf. Claras Schwester muss jeden Morgen zwischen 30 und 60 Minuten in einer Warteschlange vor der Taxihaltestelle stehen, bevor sie sich endlich auf den Arbeitsweg begeben kann.

Die Besitzer der Minibus-Taxis haben sich mafia-ähnlich organisiert und den Markt unter sich aufgeteilt. Ihre Kunden haben sich einfach mit den Bedingungen abzufinden, die ihnen diktiert werden.

Die Bedingungen? Wartezeiten und kriminelle Fahrweise, um die Kapazitäten der Minibusse möglichst auszunutzen. Billige Fahrer, die auf Provisions-Basis fahren und unter der Knute sind.

Natürlich ist ihnen die Konkurrenz in Form von Bussen nicht willkommen, aber da haben die Taxi-Lords eine todsichere Abwehrmethode: Sie lassen einfach von Zeit zu Zeit wieder einen Bus-Chauffeur umbringen, damit wieder jeder weiss, wer Herr im Haus ist. Vendetta à la Südafrika.

Eine Woche später bin ich an einem wie immer sonnigen Montagmorgen gerade dabei, mir eine Schale Müesli mit Bananen zu machen, als mich Clara um Urlaub bittet. Ihre Mutter sei krank, erklärt sie, und Clara muss sofort zu ihr fahren, um ihren Haushalt mit den drei Kindern, Claras Sohn und zwei Vettern, organisieren.

Was macht man als geneigte Arbeitgeberin in so einem Fall? Man beisst noch vor dem Frühstück in den sauren Apfel, sagt, das sei okay, und versucht, Mitgefühl statt dem wirklich gefühlten Unmut zu zeigen.

Ein paar Stunden später sitzt Clara schon im Taxi auf dem Weg nach Kapstadt, und ich werde sie nie wieder sehen.

Wie mir Claras Schwester nämlich am Sonntag am Telefon erklärt, hat der Familienrat, sprich die Brüder, entschieden, dass eine der Schwestern sich jetzt um die Mutter und die von ihr betreuten drei Kinder kümmern muss. Obwohl ich sie nicht kenne, höre ich aus der Stimme von Claras Schwester deutlich die Erleichterung, dass nicht sie vom Damoklesschwert getroffen wurde, sondern Clara. Die Schwester versichert mir, dass Clara unbedingt zurück nach Johannesburg habe fahren wollen, doch „unsere Brüder wollten nichts davon wissen."

Und übrigens komme sie in zwei Tagen, um Claras Sachen abzuholen, ein Freund würde sie mit dem *bakkie* fahren. Und ob ich ihr dann bitte auch noch den Lohn für die in diesem Monat gearbeiteten Tage bezahlen könne.

So ist das also hier, denke ich mit einiger Bitterkeit: Die Grossmütter müssen die Kinder aufziehen - das wusste ich schon - und die Brüder bestimmen über das Leben der Schwestern.

Ich versuche noch ein paar Mal, Clara anzurufen, um mich von ihr zu verabschieden, doch ohne Erfolg; ihr Mobiltelefon ist nicht eingeschaltet. Das war's.

11

Ich bin nicht faul. Und verwöhnt bin ich auch nicht. Aber den Haushalt mit einem grosszügigen Haus samt Inventar, das mich dauernd zum Reparieren zwingt, nebst zwei Kleinkindern - das ist Knochenarbeit. Zudem macht es in einem Land wie Südafrika, mit erschreckend hoher Arbeitslosenquote, sehr viel Sinn, eine Arbeitsstelle zur Verfügung zu stellen.

Ich brauche also wieder eine Maid. Aber wie finde ich eine?

Lukas: „Ich weiss auch nicht, frag einfach mal rum."

Sonia: „Isch weiss ausch niemanden, aber Dü darfst sischer keine aus die Sseitung nehmen, das ist ssü gefährlisch!!"

Petra: „Ich weiss auch niemanden, aber Du brauchst eine mit Referenzen, nicht alle arbeiten sauber."

Ilze: „Ich weiss auch niemanden, aber am besten nimmst Du eine aus Simbabwe. Die arbeiten besser und maulen nicht, wenn sie auch mal am Wochenende kommen müssen."

Glen: „Ich weiss auch niemanden, aber ich werde mal die Klassenbetreuerinnen fragen."

Schon am nächsten Tag nimmt mich Sisiwe, Max' Klassenbetreuerin, in der Krippe zur Seite und vermittelt mir ihre Cousine, die gerne am Nachmittag zum Interview kommen würde.

Das Vorstellungsgespräch ist dann eine recht zähe Sache. Denn Sisiwes Cousine Nompumelelo ist jung und sehr scheu und ich weiss auch nicht, was ich fragen soll, zumal ich die ganze Konversation praktisch im Alleingang bestreite. So stelle ich sie halt an.

Schon am nächsten Tag beginnt Nompumelelo, die am liebsten auf die Abkürzung Pumi hört, mit der Arbeit.

Sie ist adrett und recht klein, mit mahagonibraunem Teint und dem hier oft anzutreffenden sehr ausladenden Hinterteil unter einer schlanken Taille. Am Auffälligsten an ihr finde ich ihre Wimpern, die so stark nach innen gebogen sind, dass sie praktisch eine Tolle über den Augen bilden. Beinahe als würden sie nachts auf winzige Lockenwickler gedreht.

Ich spiele die nette und joviale Arbeitgeberin, die ihr alles erklärt, zeigt und dank einem angestrengten Dauerlächeln bald den Krampf im Kiefer kriegt.

Innerlich bin ich sehr angespannt und auch ein wenig genervt, dass ich meine Zeit hier mit einer Fremden verbringen muss, aber es ist ja eine Investition in die Zukunft, sage ich mir. Bald wird wieder alles von allein laufen, wie vorher bei Clara.

Falsch. Wie sich nach einigen Tagen herausstellt, versteht die stille, vermeintlich scheue Pumi schlicht und einfach fast kein englisch und spricht deshalb nicht. Was problematisch ist, denn sie begreift meine Erklärungen und Anweisungen nicht und kann sich mit meinen Jungs kaum verständigen.

Und obwohl sie Mutter eines Zweijährigen ist, weiss sie offensichtlich nicht, was sie mit Max anstellen soll. Als ich am ersten Tag mit Tim aus dem Garten ins Haus zurückkomme, sitzt sie mit Max auf dem Arm im Zimmer auf einem Hocker und starrt ins Leere. Statt einem bald Einjährigen könnte sie auch ein Stück Holz im Arm tragen.

Die Jungs kommen schon um zwanzig vor fünf zu mir nach oben ins Büro, wo ich unsere Administration erledige, denn Pumi macht sich bereit zum Gehen. Arbeitszeit bis fünf Uhr heisst für sie offenbar, dass sie sich um diese Zeit geduscht und geschminkt auf den Weg machen kann. Oder gerne sogar ein bisschen früher.

Am nächsten Morgen kann ich meine teflonbeschichtete Bratpfanne gerade noch retten bevor sich Pumi mit dem Pfannenkratzer über sie hermacht.

Zweimal komme ich grade noch rechtzeitig, um Omo aus der Abwaschmaschine zu kratzen, bevor sie angeschaltet wird - ich habe es am Duft erkannt.

Bei meinen beigen Wildlederschuhen bin ich zu spät, die wandern mit zwei Paar Turnschuhen in die Waschmaschine - mit tollem Resultat, zwar, aber sicherheitshalber bitte ich Pumi doch, keine Schuhe mehr in der Waschmaschine zu waschen.

Das Verlängerungskabel vom Haartrockner (in Südafrika gibt es normalerweise keine Steckdosen im Badezimmer, weil das früher verboten war, und jetzt kaum jemand weiss, dass es nicht mehr verboten ist) befindet sich dauernd auf Wanderschaft, was mich irritiert, bis ich den Grund dafür sehe: Pumi braucht es zum staubsaugen, denn sie weiss nicht, dass das Kabel des Staubsaugers herausgezogen werden kann.

Ich bin nicht glücklich. Pumi bleibt eine Fremde für mich und meine Kinder, ein Fremdkörper in meinem Zuhause, ohne Verlass, die meisten meiner Wünsche ignorierend.

Das Zerwürfnis kommt, als Pumi eigentlich babysitten soll, wozu sie zugesagt hat. Aber kurz nach halb fünf steht sie geschminkt und aufgebretzelt vor mir und erklärt, dass sie jetzt gehe. Nein, sie wolle jetzt nicht mehr babysitten.

Diskutieren bringt nichts, sie hört mir nicht zu und wiederholt wie ein Papagei immer genau den gleichen Satz. Ich lasse sie gehen.

Nach drei Wochen mit Pumi brauche ich wieder eine neue Maid.

Gut, ich habe Fehler gemacht, das sehe ich ein. Notiz an mich selber:

- Stelle nie mehr eine Maid an, die nicht bewiesen hat, dass sie mit Kindern umgehen kann. Dass sie selber Mutter ist, heisst noch nichts, insbesondere wenn das Kind bei der Grossmutter am Eastern Cape aufwächst und die Mutter es nur einmal im Jahr an Weihnachten sieht.
- Stelle nie mehr eine Maid ein, die keine Erfahrung im Haushalt hat, denn wer in einem strohgedeckten Rundhaus am Eastern Cape aufgewachsen ist, kennt sich mit unseren Haushaltsgeräten einfach nicht aus. Es kann mehr kaputt gehen, als ich mir hätte vorstellen können.
- Stelle nie mehr eine Maid ein, die nicht bewiesen hat, dass sie gut englisch sprechen kann. Sie kann sich sonst nicht mit Deinen Kindern verständigen und hört nicht auf Deine Erklärungen und Anweisungen.
- Stelle nie mehr eine Maid ein, die Du nicht vorher auf diese Punkte geprüft hast. Ein 20-minütiges Gespräch, vor allem wenn es einseitig geführt wird, genügt nicht.

Mit ihrem typisch südafrikanischem Pragmatismus und einer Prise Rassismus ergänzt Ilze meinen Katalog noch:

- Stelle nie eine Maid ein, die vorher für *expats* gearbeitet hat. Die sind verwöhnt. Am besten kommt Deine neue Maid von einer Stelle bei einer schwarzen Familie, da wird sie über Deine Arbeitsbedingungen mehr als glücklich sein.
- Stelle am besten eine Maid ein, die aus Simbabwe kommt. Die sind fleissiger als Südafrikanerinnen, die immer auf die Gewerkschaften schielen.

Da capo, trallalallala, nochmals zurück zum Anfang. Zum Glück ist aber seit meiner Umfrage so wenig Zeit vergangen, dass ich von den Maids meiner Freundinnen Empfehlungen kriege und jetzt sogar ein paar Kandidatinnen zur Auswahl habe. Statt einem Bewerbungsgespräch - ich bin doch lernfähig! - lasse ich sie gegen Bezahlung für einen Tag zur Arbeit kommen, um sie so besser kennen zu lernen.

Bonolo ist jung und enthusiastisch, an ihr ist alles kugelrund: Das Gesicht, die Augen, der Mund, die Figur - eine Kinderhüpfburg, die aber schon von der Treppe ins Keuchen kommt. Ausserdem ist ihr Englisch sehr schlecht.

Iyanla ist älter, sie lächelt durch einen fehlenden Schneidezahn und trägt ein rotes Beret. Offensichtlich ist sie von der „alten Schule", denn sie schaut mich beim Sprechen nicht an und putzt den Boden auf den Knien rutschend, obwohl ich ihr den Mop gereicht habe. Ob sie mit den Kindern umgehen kann, kann ich nicht feststellen, denn sie hat keine Zeit für sie, weil sie so langsam arbeitet.

Beauty ist, halleluja, fröhlich und selbstbewusst, mit ausgezeichnetem Englisch, und sie bringt auch meine Kinder zum Lachen. Im Umgang mit den Kindern hat sie natürlichen Charme - etwas, was mir abgeht und ich immer bewundere - und findet sofort einen Zugang zu ihnen. Ausserdem kann sie ein Arbeitszeugnis vorweisen und bewegt sich nicht wie eine Schnecke.

Meine neue Perle muss auch in den Haushalt eingeführt werden. Aber was für ein Unterschied zu Pumi! Beauty hat offensichtlich Erfahrung im Haushalt, und wo sie nicht sicher ist, da fragt sie mich. Wir plaudern jeden Tag auch ein bisschen, und schon nach zwei Tagen ist sie für mich kein Fremdkörper mehr wie meine vorherige Maid.

Meine Jungs lieben Beauty und sind begeistert, dass sie sich jeden Nachmittag Zeit frei hält, um mit ihnen auf den Spielplatz zu gehen. Ich kann sehen, wie dieses Arrangement alle Beteiligten glücklich macht: Meine Kinder sind draussen und treffen Freunde, meine Maid sitzt auf der Bank auf dem Spielplatz und hält ein Schwätzchen mit anderen Maids, und ich habe noch eine Stunde für Telefonate oder um E-Mails zu schreiben. Jetzt bin ich wieder glücklich.

Beauty wohnt mit ihrer Familie in Diepsloot, einem nahen *township*. Sie hat drei Jungs, wobei der Älteste, Sipho, wie sie es nennt, aus ihrer Teenage-Schwangerschaft stammt, mit einem Vater, von dem Beauty nicht weiss, wo er sich jetzt befindet. Er wächst, natürlich, bei den Grosseltern auf, in der Nähe von Pretoria. Manchmal kommt er zu Besuch nach Diepsloot, doch dann streitet er sich gemäss Beauty viel mit seinen jüngeren Halbbrüdern Kemong und Themba. Diese beiden wachsen bei Beauty und ihrem Vater auf. Mir scheint, dass Beauty auch deshalb so gut mit meinen Kindern umgehen kann, weil sie eben selber Kinder aufzieht.

Beautys Mann, wie ich ihn nenne, ist strikt gesprochen nur ihr langjähriger Freund. Wenn sie von ihm spricht, dann nennt sie ihn nicht beim Namen, sondern sie sagt *„Themba's father"*. Der Einfachheit halber nenne ich ihn trotzdem *„your husband"*, wenn wir plaudern.

Verheiratet ist Beauty nicht, denn eine Heirat kostet, wie sie mir erklärt, viel Geld. Erstens muss der Bräutigam der Familie der Braut eine Kuh spendieren, für die traditionelle Heirat, als Brautgeschenk, *lobola* genannt. Danach folgt die zivile Heirat, und schliesslich, nach Möglichkeit, noch eine kirchliche Heirat in Weiss.

Mir scheint, aber ich wage nicht zu fragen, dass Beautys Mann nicht besonders interessiert ist an einer Hochzeit. Beauty hat mir nämlich erzählt, dass sie und ihre anderen Geschwister die kirchliche Hochzeit ihrer jüngeren Schwester bezahlen mussten. Da müsste sie doch Gegenrecht von ihrer Schwester erhalten? Der Bräutigam müsste sich also vor allem auf die Kuh konzentrieren, und das hat Beautys Mann bisher nicht gemacht. In naher Zukunft wird er das wohl auch nicht, weil er seit einigen Monaten arbeitslos ist.

„Beauty, warum kann denn Dein Mann keinen Job an der Tankstelle kriegen, die vom Mann Deiner Schwester gemanagt wird?"

„*Eeish, no,* das geht nicht. Die beiden sind ja von der gleichen Familie! Ein kleineres Unternehmen kann doch nicht mehrere Mitglieder derselben Familie einstellen!"

Hoffentlich schaue ich nicht so entgeistert, wie ich mich fühle. Meine Vorurteile haben gerade einen Schlag in die Weichteile gekriegt. Lebe ich nicht auf dem Kontinent der Korruption und Sippenwirtschaft?

Doch Beauty ist noch nicht fertig mit ihrer Erklärung: „Wenn eine Beerdigung stattfindet, dann würde ja niemand zur Arbeit erscheinen!"

Beerdigungen spielen, wie ich im Laufe der Zeit herausfinde, eine grosse Rolle in Beautys Leben. Das hat verschiedene Gründe: Einer ist zum Beispiel, dass ihre nähere und weitere Familie sehr viel mehr Mitglieder aufweist als meine, die ich mit nur einer Schwester aufgewachsen bin.

Dazu kommt dann noch eine grosszügig gefasste Sicht einer Sippe, und siehe da, Beautys Verwandtschaft füllt schon eine Kleinstadt, während meine bequem in ein Klassenzimmer passt.

Im übrigen besucht Beauty scheinbar recht gerne Beerdigungen und reist dafür sogar beträchtliche Distanzen, denn bei diesen Anlässen muss die Trauerfamilie zünftig auftischen, das scheint die Tradition vorzuschreiben. Insbesondere auch Getränke.

Schwierig für die nächsten Verwandten, denke ich mir. Erst stehen sie trauernd am Grab des lieben Verstorbenen, und danach müssen sie auch noch zuschauen, wie ihr Erbe durch die Kehle einer hungrigen und durstigen Menge rinnt, die sich bis zur Besinnungslosigkeit amüsiert.

Der traurige Grund für die vielen Beerdigungen ist aber natürlich die hohe Sterblichkeit. Viele Menschen hier sind arm, was das Risiko eines frühen Todes stark erhöht. Schlechte Hygiene und Ernährung spielen ebenfalls eine Rolle in der Sterblichkeitsrate.

Die südafrikanische Regierung schreibt deshalb zum Beispiel vor, dass das Maismehl, mit dem der alltägliche *mealie-pap* zubereitet wird, vitaminisiert sein muss - das hilft, ersetzt aber natürlich keine ausgewogene Ernährung.

In einem anderen Punkt hat die südafrikanische Regierung aber leider kläglich versagt: In der Behandlung von AIDS. Der ehemalige Ministerpräsident Mbeki liess noch vor wenigen Jahren öffentlich verlautbaren, dass AIDS nur eine Erfindung der rassistischen Weissen sei, um die Schwarzen weiterhin zu knechten. Das führte zu einem internationalen Aufschrei, änderte aber leider die Meinungen im eigenen Land nicht gross.

Die Gesundheitsministerin liess es sich noch letztes Jahr nicht nehmen, Zitronen, Rote Bete und Knoblauch zur Kurierung von AIDS zu empfehlen.

Der Präsident Südafrikas, Jacob Zuma, musste sich kurz vor seiner Wahl vor Gericht verteidigen, weil er angeblich eine HIV-positive Frau vergewaltigt hatte. Er zeigte sich unbekümmert darüber, dass er sich mit AIDS hätte anstecken können: Unmöglich, denn er habe danach ja gleich geduscht.

Im Gegensatz zu anderen afrikanischen Ländern wie zum Beispiel Botswana, die schon vor Jahren grosse Anstrengungen zur Aufklärung über AIDS und den Schutz dagegen machten, hat Südafrika diesen Zug versäumt. Mit schlimmen Folgen. HIV bzw. AIDS löscht ganze Familien aus oder hinterlässt Waisen, die bei greisen Grossmüttern ohne Pensionsansprüche oder im Waisenhaus aufwachsen müssen.

Natürlich kannte ich diese Problematik schon aus der Zeitungslektüre in Europa, doch welche Folgeprobleme sich ergeben und was dies auch wirtschaftlich für ein Land bedeutet, wurde mir erst hier klar.

Letzthin hörte ich zum Beispiel folgendes am Radio: Nach einem schlimmen Unfall wurde der Präsident des Lastwagenverbandes gefragt, weshalb die Lastwagenfahrer so schlecht fahren. Der arme Mann antwortete sichtlich bedrückt: „Wir kommen einfach nicht nach mit der Ausbildung der Chauffeure. Kaum haben wir einen ausgebildet, stirbt er uns weg, und dann müssen wir wieder einen ohne Erfahrung einstellen."

Auch für KehlTech ist AIDS bzw. HIV ein Problem, wie mir Lukas versichert. Nur wenige Wochen nach Lukas' Arbeitsbeginn ist ein Mitarbeiter in der Werkstatt von KehlTech gestorben, was Lukas leicht aus der

Fassung gebracht hat. Nicht aber seinen Schweizer Werkstattchef Andreas, der ihm die Statistik der Werkstatt gezeigt hat: Demgemäss starben allein im vorigen Jahr mehr als 10% der Werkstatt-Mitarbeiter.

Aber natürlich nicht an AIDS, daran stirbt man offiziell nicht in Südafrika, AIDS ist ja nur eine Erfindung. Zum Tod führen Infekte wie zum Beispiel eine Lungenentzüngung, mit denen ein intaktes Immunsystem fertig werden würde.

Mit den neuen Medikamenten hat sich die Situation glücklicherweise stark verbessert und eine HIV-Diagnose gilt heute nicht mehr als baldiges Todesurteil.

Der Tod des schwarzen Mitarbeiters brachte für Lukas noch eine neue Erfahrung mit sich. Schon am nächsten Tag fanden sich drei trauernde Witwen bei KehlTech ein, und jede wollte die Pension ihres angeblichen Mannes für sich beanspruchen.

Lukas nahm mit Staunen zur Kenntnis dass die Firma für diesen - in Südafrika offenbar normalen - Fall vorgesorgt hatte, indem der verstorbene Mitarbeiter, wie jeder andere auch, für den Fall seines Todes eine begünstigte Person angeben musste.

Die siegreiche Witwe hatte damit jedoch noch nicht gewonnen. Die anderen angeblichen Witwen zogen zwar unter lautem Gezeter ab, doch unterdessen hatten sich die Eltern des Verstorbenen eingefunden. Sie machten darauf aufmerksam, dass ihr Sohn nicht formell verheiratet gewesen war und verlangten, dass ihnen der letzte Monatslohn ihres verstorbenen Sohnes sofort ausbezahlt würde. Für die Begräbniskosten.

Petra ruft an: „Ist Dein Tiefkühlfach voll?"

„Machst Du gerade einen Psychotest? Gebe ich mit der Antwort mein persönliches Allerinnerstes preis?"

„Quatsch, ich brauche nur Platz in einem Tiefkühlfach."

Ich bin verwirrt. Muss sie ein paar Leichenteile entsorgen? Oder ist das der neuste Anti-Aging-Trend? Müssen die grauen Zellen gekühlt werden?

Nachdem ich einige Sekunden geschwiegen habe, kommt die Erklärung: „Wir haben seit gestern morgen keinen Strom, und langsam wird es in unserem Kühlschrank warm. Darf ich was zu Dir bringen?"

Eine Stunde später sitzt sie bei mir in der Küche und geniesst sichtlich ihren Kaffee, die gefrorenen Lebensmittel sind sicher versorgt.

„Weisst Du, der Kühlschrank ist auch das einzige, was warm ist bei uns! Seit mehr als 24 Stunden gibt es bei uns keine warme Dusche, kein warmes Essen... Nicht mal eine Pizza bestellen können wir, die Restaurants haben auch keinen Strom! Ich wollte im Fitnesscenter duschen, aber die haben seit gestern geschlossen, ohne Licht trainiert doch keiner, und wir haben momentan auch andere Probleme."

Während sie (lange!) unter unserer Dusche steht, sinniere ich darüber nach, was sie mir eben erzählt hat: Vor fünf Monaten ist eine Hauptleitung der Stromversorgung in ihrem Stadtteil ausgestiegen. Das war allgemein bekannt, doch brauchte man sich mit der Reparatur nicht zu beeilen, es gab ja noch das Ersatzkabel, das ausgezeichnete Dienste leistete.

Bis es gestern von einem Bagger aufgespürt und prompt säuberlich in zwei Teile getrennt wurde. Jetzt sieht es in diesem Stadtteil im wahrsten Sinne des Wortes düster aus!

Am Radio habe ich schon gehört, dass es in der Eastgate Shopping Mall keinen Strom hat. Die Geschäfte bleiben geschlossen, nur die Leute vom Sicherheitsdienst patrouillieren durch die stillen, dunklen Gänge. Und ein paar Unentwegte pilgern zu Woolworths, dem einzigen Kaufhaus der *mall*, das einen Generator hat und deshalb mit Strom versorgt ist.

Petra jedenfalls ist nur einmal kurz zu Woolie gerast, um sich für ein paar Tage mit kalt essbaren Lebensmitteln einzudecken. Das liegt einerseits daran, dass sie ihr elektrisch gesteuertes Garagetor von Hand nur unter grösster Mühe aufkriegt, und andererseits daran, dass sie keinen Hund hat.

„Du würdest für einen Hund einkaufen, aber nicht für Deinen Mann, Deine Kinder und Dich?!?“ frage ich sie entgeistert.

„Ein Hund wäre doch eine Alarmanlage, die ohne Strom funktioniert! Unsere hat gestern noch auf dem Notakku gearbeitet, doch nach ein paar Stunden war Schluss. Sobald ich wusste, dass wir für längere Zeit keinen Strom mehr haben werden, bin ich rasch einkaufen gegangen, um vor dem Ableben der Alarmanlage wieder zu Hause zu sein.“

Radio und Fernsehen haben die Nachrichten über den Stromausfall verbreitet und so der Einbrecherzunft wertvolle Tipps geliefert. Die Einbruchrate hat schon am ersten Tag sprunghaft zugenommen, und jetzt wird im Quartier lebhaft - per Mobiltelefon - besprochen, was zu tun ist. Ist das Eigentum besser geschützt, wenn jemand zu Hause ist? Oder begibt sich diese Person in unverhältnismässige Gefahr, weil die Einbrecher sofort Gewalt anwenden? Soll man das Auto auf dem Vorplatz parkieren und damit markieren, dass jemand zu Hause ist? Oder zieht dies die Autodiebe an, die ebenfalls über die funktionsunfähigen Alarmanlagen informiert sind?

Petra und Heinz haben sich für die mittlere Variante entschieden: Schmuck und andere Wertgegenstände hat Heinz ins Geschäft mitgenommen, um sie dort im Tresor zu deponieren. Petra bleibt mit Fernseher, DVD und Stereoanlage zu Hause - sollte es zum Einbruch kommen, dann hätten die Einbrecher was zum Mitnehmen und müssten nicht wütend und gewalttätig werden.

Glück im Unglück für die Betroffenen ist, dass die beiden kühlen Wintermonate vorbei sind. In den Nächten fällt das Thermometer nicht mehr in die Nähe des Gefrierpunkts, so dass wenigstens nicht mehr geheizt werden muss.

Noch bevor Petra sich die Haare fertig geföhnt hat, steht eine heisse Aufbackpizza für sie bereit. Nicht gerade standesgemäss für eine ausgezeichnete Köchin wie sie, aber ich kann nun mal nicht zaubern, wie ich auch meinen Jungs immer wieder glaubhaft versichere.

Ich sitze am Küchentisch mit ihr und erzähle von unserer neuen Maid - auf deutsch ist das ja kein Problem.

Die Konversation ist einseitig, denn Petra isst und hat daneben offensichtlich kaum noch weitere Kapazitäten. Wahrscheinlich nicht mal fürs Zuhören, aber davon lasse ich mich nicht abhalten. Wäre doch nicht sehr gastfreundlich, wenn ich sie ohne Unterhaltung so einfach essen liesse! Und ausserdem ist es eine nette Abwechslung, mal zu sprechen, ohne von den Kindern unterbrochen zu werden.

Vielleicht lag es an der Geschichte von Beauty und der teuren Kuh, jedenfalls springt Petra noch mit dem letzten Bissen im Mund auf und packt hektisch ihre Handtasche. „Muss los, die Räuber abwehren! Melde mich spätestens, wenn meine Tiefkühlkost wieder zu mir übersiedelt werden kann!" Küsschen, Küsschen, Küsschen, und weg ist sie.

12

Christine, meine Schweizer Pilates-Kollegin, hat mich eingeladen, als Gast am monatlichen Treffen des International Women's Club Johannesburg teilzunehmen. Immer am ersten Dienstag im Monat findet eine Vollversammlung statt, bei der rund 150 *ladies* einem Vortrag lauschen. Über die neusten künstlichen Kniegelenke oder lilafarbene Haartönungen, vermute ich, als ich den Saal im Bryanston Country Club betrete. Oh Gott, ich allein bin dafür verantwortlich, dass das Durchschnittsalter im Raum um circa fünf Jahre gesenkt wird!

Auf den zweiten Blick ist die Situation doch nicht so dramatisch. Bei genauem Hinsehen finde ich mindestens sieben weitere dunkle Schöpfe im Heer der grauen

Locken. Auch wenn die gefärbt sein sollten, dann wäre das doch ein sehr jugendlicher Zug, zumindest. Jugendlich sind aber auch die Trägerinnen der grauen Schöpfe, wie ich später herausfinde. Und interessiert, voller Energie und begeisterungsfähig - Attribute, die man sonst nur der Jugend zugesteht. Schon wieder fällt eines meiner Vorurteile in sich zusammen.

Ein Blick ins Programm zeigt mir, dass nächsten Monat ein Referat gehalten wird darüber, wie ein Vater und sein Sohn den Atlantik von Spanien nach Barbados in einem Ruderboot überquert haben. Heute hören wir einen Vortrag über Vögel: *Why birds do what they do.*

Christine neben mir schüttelt den Kopf. „Über den Atlantik rudern, also wirklich! Hat man schon mal so was gehört!"

„Tja, wenn einer eine Reise tut... Tönt jedenfalls spannend. Irgendwie interessanter als Vögel."

Doch als der Vortrag beginnt, hänge ich an den Lippen des Referenten. Ich wusste gar nicht, dass Vögel so faszinierend sein können! Bis anhin hatte ich mich nie besonders für die kleinen Federbälle interessiert. Klar, ohne ihren Gesang und ihre Farben und ihre Präsenz überall wäre die Welt viel langweiliger, daher schätze ich sie wirklich.

Aber über das Zusammenleben der Vögel hatte ich mich nie umgehört.

Ich hatte zum Beispiel keine Ahnung, wie manche Angehörigen der Vogelwelt schlaue Taktierer sind.

Zum Beispiel der Webervogel, in Südafrika weit verbreitet: Das Männchen, nur ein bisschen grösser als ein Spatz, lässt sich zu Werbezwecken im Frühling ein leuchtend gelbes Federkleid wachsen. Dann beginnt er ein Nest zu bauen, und zwar eine Art auberginenförmiges Körbchen, das an einer Astspitze hängt, mit dem Eingang nach unten. So sollen die Schlangen keinen Zutritt zum Nest haben.

Für dieses Körbchen muss er sich lange schmale Fasern von Pflanzen beschaffen, zum Beispiel von Palmwedeln, die er kunstvoll zu einem Gebilde verwebt. Der Referent zeigt uns ein Bild vom Nest, und ich bin mächtig beeindruckt. Ganz im Gegenteil zu *Madame* Webervogel: Die findet in sehr vielen Fällen das Nest ungenügend, so dass das arme Männchen sein Werk zerstören und dann ein neues Webervogel-Heim fabrizieren muss. Bis *Madame* gnädigerweise einzieht.

Oder der Red Bishop: Der lässt sich zur Brutzeit leuchtend orange und seidig schwarze Federn wachsen, und in den restlichen Monaten ist er ein unauffällig braunes Vögelchen.

„Ich dachte immer, die migrieren! Die gelben Webervögel, die orange-roten Bishops und die blauen Sterlinge werden hier *christmas birds* genannt, weil man diese bunten Vögel immer zur Weihnachtszeit sieht. Ich dachte immer, die reisen im Winter nach Europa!" flüstert mir Christine zu.

Unser Referent hat noch mehr auf Lager: Zum Beispiel den *African Hoopoe*, den Wiedehopf, kupferbraun, mit schwarz-weissen Federn und einem Federbüschel auf dem Kopf, der sein eigenes Nest als Toilette benützt. Ohne Spülung. Gemäss unserem Referenten weiss man, wenn ein Wiedehopf sich im Garten niedergelassen hat, weil sein Nest so richtig stinkt.

Oder den Hadeda, eine Ibis-Art, metallisch-grau glänzend und mit langem gebogenem Schnabel im Rasen stochernd. Die habe ich allerdings auch schon erlebt – diese Vögel sind kaum zu übersehen, weil sie in unseren Gärten leben, grösser sind als eine Henne und beim Auffliegen fürchterlich kreischen: „Hadeeeda!!! Hadeeeda!!!". Am liebsten frühmorgens, eine Dreiviertelstunde vor Tagwach. Ihre schwarz-weissen Verwandten, die Sacred Ibis, wurden anscheinend von den alten Ägyptern als heilig betrachtet, mumifiziert und in den Pyramiden als Grabbeigaben beerdigt. Vielleicht ja als eine Art Wecker im Jenseits...

Dieser Morgen hat mir richtig gut getan. Meine grauen Zellen konnten sich mal wieder mit etwas anderem beschäftigen als mit den Kindern und dem Haushalt. Prima! Ich komme wieder und werde mir im nächsten Monat anhören, wie man den Atlantik im Ruderboot überquert!

Daheim studiere ich auch noch das Programmbüchlein des International Women's Club von Johannesburg und stelle fest, dass der Club neben der monatlichen Hauptversammlung eine Menge anderer Aktivitäten bietet: Man kocht, liest und näht zusammen, man trifft sich zum Lunch, zum Golf, zum Bridge, zum Musik hören...

Hätte ich mehr Zeit, dann würde der Club sehr viel Gelegenheit bieten, um neue Dinge kennen zu lernen und viele Bekanntschaften zu machen.

Als ich Tim und Max an diesem Tag in der Krippe abhole, haben sie je eine übergrosse Zug-Fahrkarte in ihrer Tasche. Ich drehe und wende die Karte, aber ich werde nicht ganz schlau daraus: Ein gewisser Vallabh feiert seinen zweiten Geburtstag und verteilt eine Zug-Fahrkarte? Glen, die Krippenleiterin, klärt mich auf:

„Das ist die Einladung zu Vallabhs Geburtstagsfest, *darling*. Vallabh mag Lokomotiven und Züge so gerne, der kleine Schatz, deshalb hat seine Mutter das als Thema gewählt. Alle Kinder in der Krippe sind eingeladen - Vallabh wäre sicher ganz *begeistert*, wenn Tim und Max zur Party kommen würden!"

Zu Hause studiere ich die Einladung dann nochmals ausführlich: Da steht, dass die ganze Familie eingeladen ist?

„Aber sischer, das ist 'ier normal. Die Kinderparties sind immer an einem Woschenende, und die Papis kommen mit und alle Kinder der Familie."

Sonia hat bereits Erfahrung mit Kinder-Geburtstagsparties.

„Natürlisch, denn in Südafrika laden die Kinder immer viel mehr Freunde ein als in die Schweiz, ünd dann dassü nosch die Familie von alle diese Kinder... Wir sind ssiemlisch 'äufig an Kindergebürtstagen!"

Nun gut. Eigentlich ist es ja prima: Da können wir vielleicht noch andere Eltern kennen lernen? Nur etwas ist seltsam: Tim weiss irgendwie gar nicht recht, wer Vallabh ist...

Mit einem etwas unguten Gefühl und einem Geschenk unter dem Arm machen sich Lukas, die Jungs und ich zwei Wochen später am frühen Samstagnachmittag auf den Weg zum Pavillon in Dainfern.

Da ist schon richtig was los: Neben dem Pavillon steht ein Kinderzug und auf dem Fussballfeld stehen ein Karussell und ein Mini-Riesenrad! Wir werden von den Eltern des Geburtstagskinds begrüsst, einer recht fülligen, hübschen Amerikanerin mit indischen Wurzeln und ihrem ebenfalls indisch-amerikanischen Ehemann.

Sie nehmen dankend das Geschenk entgegen, denn Vallabh sei im Kinderzug unterwegs, und leiten uns an die Partyorganisatorin weiter, die hinter dem Schild *Ticket-Office* an einem Tisch vor dem Pavillon sitzt. Sie sucht uns die unter dem Namen unserer Kinder abgelegten Gutscheine hervor und erklärt: „Das ist der Gepäckgutschein, für den *party-pack* der Kinder am Schluss. Hier ist der Gutschein vom Speisewagen, für ein Säckchen mit Snacks und Süssigkeiten.“ Und in dieser Art geht es weiter: Mit einem Gutschein können sich die Kinder aufklebbare Tatoos anbringen lassen, mit einem anderen kleine Geschenke am „Kiosk“ auswählen, etc.

Doch zuerst sollen sich alle im Pavillon versammeln. Dort ist eine lange Tafel für die Kinder aufgebaut: Ich zähle 36 Kinderstühle. Für jedes Kind ist ein Büchlein mit Zug-Motiven zum Ausmalen oder Knobeln bereit, nebst Malstiften. In der Ecke steht ein Buffet mit allen möglichen Getränken und kalten und warmen Speisen, neben Süssigkeiten und Chips mit Dip. Bald darauf wird Vallabh vorgestellt und der Partyablauf bekannt gegeben: Jetzt können wir essen und nach Herzenslust die Attraktionen benützen, in einer Stunde findet die eigentliche Geburtstags-Prozedur statt mit Kuchen, Kerzen und Singen.

Tim ist so aufgeregt, dass er sich nicht entscheiden kann. Aufs Karussell! Nein, zuerst aufs Riesenrad! Am Allerliebsten erst eine Runde mit dem Zug fahren! Lukas und ich trotten mit Max hintennach. Vor dem Riesenrad treffen wir Vallabhs Vater und kommen mit ihm ins Gespräch.

„Ach, Vallabh mag Zugfahren so gerne. Und meine Frau hat sich ein bisschen bei den Partyorganisatoren herumgehört. Das ist ja toll in diesem Land, alles so billig, diese Party kostet ja nur ein paar Tausend Rand, da haben wir zugeschlagen. Man wird ja nur einmal zwei Jahre alt!" Vallabhs Papa strahlt, als wäre es sein Fest.

Später kommt der eigentliche Höhepunkt der Geburtstagsparty, die Kuchen-Prozedur. Getreu dem Motto ist ein riesiger Kuchen aufgetischt worden, in Form einer Berglandschaft, auf der ein winziger Zug seine Runden dreht. Die beiden brennenden Kerzen stehen auf zwei Berggipfeln. Vallabh wird davor aufgestellt, alle singen *Happy Birthday*, er bläst die

Kerzen aus, wir applaudieren. Der Kuchen wird angeschnitten und verteilt, wobei die meisten lieber kein Stück davon nehmen. Ich merke, weshalb: Der Kuchen besteht aus Biscuit und einer dicken Schicht grün gefärbter Buttercrème. Na ja. Offenbar ist das bekannt, denn gleichzeitig werden noch vier grosse Plastikcontainer mit Eis gebracht, von denen sich die Kinder lieber bedienen.

Während Tim sein Eis vertilgt und sich nachher seinem Malbuch widmet, füttere ich Max mit seinem Brei und höre mit einem Ohr zu, wie sich Lukas mit Vallabhs Vater unterhält. Der arbeitet, wie sich herausstellt, für eine amerikanische Hilfsorganisation in Afrika.

Ich schaue mich um: Vier Fünftel der Kuchenlandschaft steht noch auf dem Tisch. Das Eis schmilzt unbeaufsichtigt vor sich hin. In der Ecke steht ein Buffet mit grosszügigen Überresten an Esswaren. Die Kindertafel ist gesprenkelt mit halb gegessenen Eisbechern, Kuchentellern und Schokoladeriegeln.

Allein die Bahnen haben „ein paar Tausend Rand" gekostet – tausend Rand ist mehr als ein halber Monatslohn von Beauty. Vallabh wird sicher mehr als 20 Geburtstagsgeschenke erhalten haben von Menschen, die ihn gar nicht kennen und keine Ahnung haben, woran er Spass haben könnte. Er sitzt gerade im Zug draussen, allein, ohne Freunde, und lässt sich herumfahren.

Macht das Sinn? Muss ein Zweijähriger wirklich eine so grosse Party haben? Was organisieren Vallabhs Eltern ihm denn zum 16. Geburtstag, was wäre die adäquate Steigerung: Eine Sause in der Karibik, und alle seine Freunde werden eingeflogen? Wie viele Geschenke braucht er dann - 100? Und was hat er eigentlich von der Party, stand er im Mittelpunkt? Hat eigentlich irgendwer mit ihm gespielt, oder auch nur mit ihm gesprochen?

Am Schluss kriegen Tim und Max je ein Geschenk als Dank für ihr Kommen, den sogenannten *party-pack*. Üppig, auch diese: Ein Buch von „Thomas, der Lokomotive", Malsachen, Süssigkeiten, eine CD mit 44 Kinderliedern.

Lukas und ich sind uns einig: Beim Wort „Dekadenz" haben wir früher an die alten Römer gedacht. Ab heute denken wir an diese Geburtstagsfeier.

Unser Haus hat keinen Briefkasten, wie die meisten Häuser in Dainfern. Ich kann deshalb nicht sagen, dass mir ein letzter Gruss von Pumi ins Haus geflattert ist, auch wenn es gut tönen würde. Nun gut, ich habe also den letzten Gruss von Pumi auf unserem Postfach gefischt, und es ist eine Vorladung vor das Arbeitsgericht. Na bravo.

Der seltsame Briefumschlag trägt meinen Namen, was sehr ungewöhnlich ist, weil ich wenig Post bekomme. Als ich ihn öffne, brauche ich erst mal ein bisschen Zeit um herauszufinden, was es ist und worum es geht.

Aber dann! Wenn sie jetzt da wäre, würde ich ihr glatt die Gurgel umdrehen. Wie kann sie es wagen!! Als ob ich sie schlecht behandelt hätte!! Wenn sie es doch war, die den Job offensichtlich unter ihrer Würde fand und sich einfach von den Socken machte!!

Ich kriege die totale Krise mit allem Drum und Dran und stampfe fluchend und mit fliegenden Händen durch das Haus. Ich glaube es einfach nicht, die hat MICH eingeklagt!! Die schleppt MICH vor Gericht!! ICH werde mich vor einem Richter verantworten müssen!!

Und was soll das, wenn sie gewinnt, muss ich sie wieder zurück nehmen? Ich will die ganz bestimmt nicht mehr in meinem Haus, nach alledem!

Lukas nickt zustimmend-nachdenklich, als ich es ihm erzähle. Ilze nicht zustimmend-nachdenklich, als ich es ihr erzähle. Und ja, auch Lee-Ann, Sonia und Christine nicken zustimmend-nachdenklich, als ich es ihnen erzähle. Der allgemeine Tenor ist, dass ein Intermezzo vor dem Arbeitsgericht nach Beendigung eines Arbeitsvertrags in Südafrika absolut normal sei. Für mich ist es aber nicht normal, dass ich vor Gericht erscheinen muss, *sorry*! Und überhaupt, wie können es alle so gelassen nehmen, wenn ich vor den Kadi geschleppt werde! Sobald ich auch nur daran denke, brodeln die Wut und der Frust wieder in mir wie die Brühe im *Fondue Chinoise*.

Am nächsten Tag hat die Vernunft wieder die Oberhand erkämpft. Ich habe rund vier Wochen Zeit, um meinen Fall vorzubereiten, und ich schwöre, genau das werde ich tun! Schon fühle ich mich besser.

Gibt's im Fernsehen nicht einen Anwalts-Film, mit dem ich mich vielleicht weiterbilden könnte? Irgendwas mit Tom Cruise, zum Beispiel, aber in dem einen Film, den ich kenne, ist er dauernd auf der Flucht und man sieht ihn gar nicht bei der Arbeit als Anwalt. Früher gab's doch mal noch eine Serie mit einer Anwältin, fällt mir ein: Diese „Ally MacBeal", oder wie sie nochmals hiess. Ich habe ein einziges Mal reingeschaut, und da hat sie jeweils so komische Fratzen geschnitten oder so komisch geredet oder so, ich kann mich nicht mehr so gut erinnern - jedenfalls war es nicht nach meinem Geschmack und scheint mir auch jetzt keine grosse Hilfe zu sein.

Zum Glück unterstützt mich mein Mann. Lukas druckt mir das südafrikanische massgebliche Gesetz aus, die *Government Gazette*. Darin werden die Rechte und Pflichten der südafrikanischen Hausangestellten auf seeehr vielen Seiten ausführlich beschrieben. Lesestoff für die nächsten zwei Wochen.

Danach studiere ich die Vorladung, ich studiere den Arbeitsvertrag, ich studiere verschiedene Strategien.

Als Begründung hat Pumi *unfair dismissal* angegeben, ungerechtfertigte Kündigung. Ha, als hätte ich sie wirklich entlassen! Als wäre nicht sie aus meinem Haus stolziert!

Genau, das ist es, darauf muss ich meine Strategie abstützen: SIE hat mich schliesslich verlassen, ich habe sie nicht gefeuert.

Zwei Tage verwende ich darauf, alle möglichen Argumente Pumis aufzuschreiben, samt meinen Gegenargumenten.

Ziemlich schwierig, ehrlich gesagt, und sogar kreativ. Und ich hatte immer gedacht, die Juristerei sei total trockenes Brot!

Sogar positives Denken setze ich ein, indem ich mir ausmale, wie ich mit blitzenden Augen meine Verteidigungsrede halte, überzeugend bis in die letzte Faser, feurig wie ein scharfes Gulasch!

Meinem Auftritt muss ich auch noch ein paar Gedanken schenken. Soll ich quasi professionell in den Gerichtssaal segeln, mit von Lukas ausgeliehenem Aktenkoffer und dem Kostüm, das ich an den seltenen Anlässen anzog, wenn ich bei meinem Job in der Bank einen Kunden traf? Oder soll ich mich eher intellektuell geben, mit Brille und Schlabberhosen? Oder als brave und biedere Hausfrau, in Jeans und billigem T-Shirt?

Ilze rät mir zur letzteren Strategie. Die nette Hausfrau, im „Ich-bin-klein-mein-Herz-ist-rein"-Look. Harmlos. Nur durch Zufall und aus Herzensgüte überhaupt Arbeitgeberin, und als solche sicher keine Menschenfresserin. Ade also zum filmreifen Auftritt als brillante Möchte-Gern-Anwältin. Eigentlich schade.

D-Day. Der Termin beim Arbeitsgericht ist um 14 Uhr. Morgens habe ich alle meine Papiere in ein Karton-Federmäppchen geordnet, das in einem Plastiksack verstaut - nur nichts auffällig-teures - zusammen mit Lesestoff, einer kleinen Wasserflasche und einem Apfel.

Die Wartezeit könnte lang werden, wir sind ja in Afrika.

Die Adresse des Arbeitsgerichts in der Loveday Street habe ich auf der Karte nachgeschaut und diese so gefaltet, dass ich die richtige Seite vor mir habe.

Das Arbeitsgericht befindet sich in der Innenstadt von Johannesburg. Dort, wo es gemäss allen mir bekannten Quellen gefährlich ist. Dort, wo man keinesfalls allein hinfahren sollte. Wo das Verbrechen lauert.

Lukas wollte mir deshalb einen Fahrer organisieren, aber ich habe dazu abgewinkt, als ich sah, wo die Loveday Street ist: am Rand der Innenstadt, in der Nähe vom Civic Theatre. Das sollte ich allein schaffen.

Nach einem ereignisreichen Nachmittag rufe ich meine Mutter an und erzähle ihr, wie's gegangen ist:

„Hallo Mama, heute war ich also vor Gericht, und ich hab's hinter mich gebracht."

„Oh du meine Güte, und wie ist es gegangen?"

„Och, ganz gut. Am Anfang war es zwar ein bisschen schwierig, denn als ich vom Civic Theatre in die Loveday Street einbog, wo das Arbeitsgericht sein sollte, konnte ich die Hausnummer nicht finden. Ich kurvte in den Einbahnstrassen herum und fragte dann einen Parkwächter beim Civic Centre, wo es ist. Er wusste es auch nicht. Dann bin ich halt bis zum High Court gefahren und habe dort einen Parkwächter gefragt. Ich dachte mir, bei diesem Gericht wissen sie vielleicht, wo das andere ist..."

„Und das war alles in der Innenstadt von Johannesburg? Kind, ist das nicht gefährlich?"

„Das habe ich auch überall gelesen, aber was hätte ich denn machen sollen?! Immerhin hat der Parkwächter beim High Court gewusst, wo das Arbeitsgericht ist. Die Loveday Street biegt nämlich in die Rissik Street ein, nur für ein paar Hundert Meter, und dann läuft sie einfach noch ein bisschen weiter. Also wirklich! Wie hätte ich das denn wissen sollen, wer hat schon eine Strasse gesehen, die unterbrochen wird und dann einfach weiterläuft! Auf jeden Fall bin ich dann mit der Karte auf dem Schoss rumgekurvt, überall waren Einbahnstrassen, bis ich das Arbeitsgericht endlich gefunden hatte. An der Ecke war ein Parkplatz an der Strasse, da habe ich dann mal angehalten."

„Zum Glück wusste ich von all dem nichts! Von Johannesburg hört man doch immer diese Gruselgeschichten über Schiessereien und Raub und Überfall und Klau, und Du bist da einfach allein rumgefahren! Und da kann man doch nicht einfach parkieren! Dein Auto ist doch so gross, das ist doch sicher teuer!"

„Ja, das dachte ich mir auch. Aber dann war da ein Parkwächter, der hat gesagt ich könne dort parkieren, das sei okay. Ich solle ihm nur Geld dalassen, dann könne er mir den Parkometer füttern. Das habe ich gemacht. Beim Weggehen habe ich einen Polizisten gesehen und den gefragt, ob ich hier wirklich parkieren könne. Er sagte ja. Den Mann am Empfang vom Arbeitsgericht habe ich auch gefragt, er sagte auch ja. Da habe ich halt ein Kreuz an die Decke gemacht und bin reingegangen. Es war auch schon kurz vor zwei, ich hätte gar nicht mehr viel Zeit gehabt für was anderes."

„Oh, der Termin war am Nachmittag? Wo waren denn Timmi und Max?"

„Ich habe sie früh von der Krippe abgeholt und mit Beauty zu Hause gelassen."

„Und was sagt Beauty zu all dem?"

„Beauty habe ich gar nicht erzählt, dass Pumi mich vor Gericht gezogen hat. Ich dachte mir, das hinterlässt einen schlechten Eindruck, oder bringt sie noch auf Ideen..."

„Ach so..."

„Na ja, und dann wurde ich also in den Wartesaal gewiesen. Nur einige Minuten nach 14 Uhr kam ein älterer Herr mit einem Klemmbrett und begann, von einer Liste die Namen der Fälle und die jeweiligen Streitparteien abzulesen. Die machten sich auf den Weg ins zugewiesene Sitzungszimmer. Es waren ziemlich viele, meist eine Privatperson und eine Firma. Sicher mehr als zwanzig wurden schon heruntergelesen, bis Pumi und ich an der Reihe waren. Ich ging den Gang runter zum Sitzungszimmer mit der angegebenen Nummer und wartete davor. Pumi kam auch. Wir sagten kurz Hallo, dann öffnete sich die Tür und unser Mediator begrüsste uns."

„Was ist ein Mediator? Wieso Sitzungszimmer? Ich dachte, das sei ein Gericht?"

„Ich doch auch! Aber das Vorgehen in Südafrika ist so, dass der zuständige Richter oder wie auch immer man den nennen will zuerst als Mediator tätig wird und versucht, mit den beiden Parteien ein Einvernehmen zu finden. Wenn das nicht gelingt, dann fällt er als Schiedsrichter einen Entscheid. Den kann man notfalls anfechten, vor einem höheren Gericht."

„Und wie war das dann?“

„Der Mediator, ein weisser Anwalt, hat sich vorgestellt und begann dann mit der Anklage. Pumi erklärte, ich hätte sie unrechtmässig entlassen. Sie sprach Xhosa und hatte einen Übersetzer.
Der Mediator fragte sie, was sie wolle, und sie sagte, mehr Geld. Ich atmete schon ein bisschen auf, dass sie nicht verlangte, dass sie wieder bei mir arbeiten könne! Dann fragte er mich, was passiert sei. Ich sagte ihm, Pumi hätte gekündigt, sie hätte mich verlassen, sie sei einfach mitten in der Arbeit weggegangen. Dann ging das noch ein bisschen so hin und her, und der Mediator sagte, dass die Sachlage nicht ganz klar sei.
Er schickte Pumi raus, um allein mit mir zu sprechen, und fragte mich, wie viel Geld ich ihr anbieten könne. Ich sagte, sie hätte ja gekündigt, aber der Mediator meinte *„they don't think like us“*, sie denken nicht wie wir.
Lukas hatte mich schon gewarnt, dass KehlTech bei praktisch jeder Entlassung vor dem Arbeitsgericht erscheinen und eine Abgangsentschädigung hinblättern muss. Pumi hat aber nur drei Wochen bei uns gearbeitet, und ich habe in der Government Gazette gelesen, dass die Kündigungsfrist für Arbeitgeber und Arbeitnehmer im ersten halben Jahr nur eine Woche ist. Also gut, sagte ich dann, ich komme Pumi entgegen und vergüte ihr die halbe Kündigungsfrist. *Fifty-fifty*. Ich biete ihr einen halben Wochenlohn an.“

„Das scheint gerecht, soweit. Ist sie darauf eingestiegen?“

„Mhm, sie ist. Der Mediator hat dann ein Formular ausgefüllt mit dem Übereinkommen und Pumi, er und ich haben unterzeichnet und je eine Kopie davon erhalten. Dann gab's noch Formalitäten bezüglich der Bezahlung, und dann konnten wir gehen."

„Gut, das war ja dann nicht so schlimm - zumindest, wenn Dein Auto noch da war..."

„Jaja, es stand noch an der Ecke, ich sah es sofort, als ich aus dem Gebäude trat. Pumi war gleich hinter mir, und ich wollte mich umdrehen und ihr anbieten, sie mitzunehmen. Aber zum Glück hat sich mein Gehirn gerade noch rechtzeitig eingeschaltet und ich schwieg - ha, dachte ich, soll die doch ein Taxi suchen und gerne möglichst lange drin schmoren, bis sie endlich zu Hause ist!"

„Ach, Kind, jetzt musst Du Dich aber nicht mehr ärgern, jetzt ist es vorbei."

Und das tat ich dann auch nicht mehr. Am Abend erzählte ich die Geschichte noch meinem Mann, der hocherfreut war über das Urteil und mich beinahe als Quasi-Anwältin für KehlTech einspannen wollte.

„Wahnsinn, Du glaubst es nicht, wir müssen jeweils mehrere Monatslöhne herausrücken, wenn wir vor das Arbeitsgericht gezogen werden! Ich möchte auch einmal so erfolgreich sein!"

Gemäss der Analyse meines Göttergatten gab es jedoch mehrere Erfolgsfaktoren in meinem Fall, die nicht mit meinen brillanten Verhandlungsfähigkeiten zusammenhingen.

Zum Beispiel:

- dass ich das Gesetz auf meiner Seite hatte: Das führe zwar nicht unbedingt zum Erfolg, befand er, denn das Arbeitsgericht hat eine starke Verbindung zu den Gewerkschaften und somit zum Robin-Hood-Modell, wo der arme Arbeitnehmer gegen den bösen, ausbeuterischen Arbeitgeber kämpfen muss;
- dass Pumi keine grossen Forderungen gestellt habe: Klar, dass sie nicht einen halben Jahreslohn verlangt hatte, machte die Verhandlungen einfacher;
- dass mein Mediator weiss war: Dies war der ausschlaggebende Punkt, meinte Lukas. Eben kein Robin Hood. Irgendwie scheint die Rassenfrage in Südafrika überall eine Rolle zu spielen.

Dazu finde ich auch, dass das Prozedere sehr gut organisiert und sehr pünktlich war. Entgegen meinen Vorurteilen. Südafrika kriegt von mir die Höchstnote für sein Gerichtssystem - jedenfalls soweit ich damit in Kontakt gekommen bin.

So prosten sich mein Göttergatte und ich am Abend zu auf meinen Erfolg, meine wiedergefundene Freiheit und eine Pumi-freie Zukunft.

13

Wenn ich ganz ehrlich bin, dann hat mir die ganze Verhandlung beim Arbeitsgericht ein kleines bisschen Spass gemacht. Die Vorbereitung, mit dem Studium des Gesetzes und meinem Argumente-Katalog: Das war wieder einmal Büro-Arbeit! Und dann der Abschluss: Das war sozusagen ein geschäftlicher Erfolg! Ich bin stolz darauf und erhalte auch Gratulationen dazu. Beides vermisse ich manchmal.

Nicht dass ich mich beklage! Mein Leben hier ist wunderbar und ich möchte nirgendwo anders sein. Aber manchmal sitzt mir ein kleines Teufelchen auf der Schulter und flüstert mir ins Ohr...

Zum Beispiel dass ich keine Bestätigung mehr erhalte. Niemand sagt mir mehr, dass ich etwas Tolles mache oder dass ich meinen Job gut mache!

Das einzige, was erwähnenswert ist, scheint das Kochen zu sein. Mein Mann hat meistens den Anstand und mein älterer Sohn, der zum Glück überhaupt nicht heikel ist, die Gutmütigkeit zu erwähnen, dass ihnen das Nachtessen schmeckt.

Aber sonst? Nichts. *Nothing. Niks.* Klar: Wieso auch?

Ich erwarte nicht unbedingt von Lukas, dass er sich bei mir bedankt, wenn er ein sauberes Paar Socken aus dem Schrank nimmt. Zumal das ja, ebenso wie das saubere Badezimmer, der Verdienst von Beauty ist. Und ihr sage ich mehrmals am Tag „danke", und auch immer wieder „gut gemacht", aber eben, das ist ja auch eine Arbeitsstelle für sie, ich bin ja nicht ihre Familie...

Ehrlich gesagt sehe ich auch nicht, wo mir mein Göttergatte mehr Bestätigung geben könnte. Aber wer denn sonst? Manchmal kriege ich ein Kompliment für meine Kleidung von meinen Freundinnen, aber nicht so oft, weil ich gar nicht viele Kleider besitze. Oder sie sagen, dass ich frisch aussehe – was mich dann nachrechnen lässt, ob ich die letzte Nacht ungestört schlafen konnte.

Aber was sollen sie denn sonst sagen?

Auch Beauty: Soll sie mir auf die Schulter klopfen, wenn ich ihr rechtzeitig den Lohn ausbezahlt habe? Das ist meine Pflicht, finde ich, dafür muss sie nicht applaudieren.

Eigentlich ist es nicht schwierig zu verstehen, dass mir andere keine Bestätigung geben bzw. keine Komplimente machen. Ich selber habe ja auch nicht viele Momente, in denen ich wirklich stolz bin auf meine Arbeit. Soll es mich stolz machen, dass ich endlich gefrorenen Spinat ohne beigefügten Feta-Käse gefunden habe? Dass ich meinen Wäscheschrank so organisiert habe, dass man das gewünschte Handtuch mit einem Griff herausnehmen kann? Ich weiss nicht.

Da können wir noch so viel „Bunte“ oder „Hello“ oder was auch immer lesen: Das Hausfrauen-Dasein bleibt doch etwa so glamourös wie absplitternder Nagellack.

Neben der Bestätigung im Job fehlen mir auch die Mitkämpfer. Als Hausfrau bin ich, die früher immer in einem Team gearbeitet hat, plötzlich eine Einzelkämpferin.

Meinen Job muss ich alleine organisieren, sofern das nicht andere für mich machen (Mama, ich habe Hunger! Mama, Max hat auf den Teppich erbrochen!), bei der Mitarbeit hapert es (Mama, ich kann nicht schlafen!) und delegieren ist nicht drin (Mama, ich kann nicht aufräumen, ich bin zu müde!).

Wir sind zwar ein Team, wir alle; ich habe ja zwei Chefs, in Form von kleinen Jungs, eine Mitarbeiterin, Beauty, und einen Berater, meinen Mann - aber Kollegen habe ich keine.

Mir fehlt die Zusammenarbeit, das Zusammengehörigkeitsgefühl, der Stolz auf eine gute Arbeit, *High-Five* bei einem Erfolg, die gemeinsame Analyse eines Misserfolgs...

Genau, manchmal fühle ich mich ein bisschen allein. Trotz dem Jubel und Trubel, den Kleinkinder mit sich bringen, und der Tatsache, dass ich gar nie allein bin, weil entweder eine Hausangestellte oder meine Familie im Haus ist.

Allein. Einzelkämpferin. Einzelmaske. Einzel...

Einzelspielerin. Hier, wo ich dank Beauty endlich wieder Zeit habe für ein Hobby (in der Schweiz, mit zwei kleinen Kindern, einem Haus mit Garten sowie zwei Jobs blieb jeden Tag circa eine halbe Minute, die Lukas und ich in ein Hobby hätten investieren können), habe ich mir ausgerechnet eins gewählt, bei dem man allein gegen sich selber spielt: Golf.

Das passt prima, dachte ich ursprünglich. Der Golfplatz ist sozusagen vor der Türe, hier kann man das ganze Jahr durch spielen, die Sonne scheint verlässlich... Perfekte Bedingungen. Wenn ich es hier nicht lerne, dann lerne ich es nie mehr, dachte ich.

Momentan tendiere ich zum letzteren. Was soll das eigentlich? Wie soll ich denn diesen Ball bewegen, wenn ich nur Hilfsmittel - sprich Golfschläger - benützen darf, bei denen sogar ein Kind sieht, dass sie ungeeignet sind, um einen Ball fortzubewegen?

Lukas spielt seit Jahren Golf, wenn auch nicht sehr häufig, weil es ein wenig familienfreundlicher Sport ist.

Er hat als Single begonnen, als er in Asien lebte. In der Schweiz musste er jeweils fast eine Stunde zu einem Golfplatz fahren, dann ein paar Schwünge auf der *Driving Range*, 18 Loch spielen, etwas essen, heimfahren... Das summiert sich locker zu sechs bis acht Stunden, die er mit Golf beschäftigt ist. Während seine Frau und seine zwei Kleinkinder zu Hause hocken.

Anders wäre die Lage, wenn wir beide spielen würden, fanden wir - was wir in der Zwischenzeit mit unseren kleinen Jungs machen würden, blendeten wir in unserer Euphorie einfach aus.

Also, es klang wie eine wirklich gute Idee: Ein gemeinsames Hobby mit meinem Mann, ein bisschen Bewegung in einer schönen Umgebung, kaum nennenswerter Anfahrtsweg...

In Südafrika ist Golf ein weit verbreiteter Sport. Während man die Golfplätze in der Schweiz problemlos namentlich aufzählen kann, gibt es hier Plätze wie Taxis im südafrikanischen Abendverkehr.

Lukas hat mir schon mit grosser Begeisterung davon erzählt, dass er einmal in Sun City spielen will, wo sich Krokodile auf dem Golfplatz sonnen, oder in Leopard Creek beim Krügerpark, wo die Affen und gelegentlich ein Leopard auf dem Golfplatz tollen, oder in San Lameer, wo eine Herde Impala auf dem Platz lebt, oder in Zebula, wo Strausse einem die Bälle klauen, oder...

Er kennt mich sehr gut, mein Mann. Die Aussicht, auf dem Golfplatz auch noch eine Quasi-Safari machen zu können, beflügelte meinen Eifer.

So fand ich mich vor rund einem Monat gut gelaunt mit einem schimmernden brandneuen Set von Golfschlägern beim Golflehrer in Dainfern ein.

Der nahm mich mit auf die *Driving Range,* den Übungsplatz, und zeigte mir den korrekten Schwung. Ich imitierte, wenn auch alles andere als perfekt, und vergnügte mich für den Rest der 30 Minuten damit, so zu tun, als spielte ich Golf.

Die Grasscholle traf ich schon prima, und von Zeit zu Zeit sogar auch den Ball. Einmal beschrieb ein Ball sogar einen schönen Bogen. Jetzt packe ich es wirklich, dachte ich, und klopfte mir beinahe anerkennend auf die Schulter.

Nach einer halben Stunde verliess ich zufrieden meinen Platz auf der Driving Range, ein tiefes Loch hinterlassend, in dem sich bald voller Dankbarkeit eine Familie wilder Warzenschweine suhlen würde - aber es war ja nur die erste Lektion, dachte ich.

Die zweite Lektion fand auf dem Putting-Grün statt, wo man den Ball ins Loch schieben muss. Das ist irgendwie logischer, finde ich; der dafür benützte Golfschläge, der *Putter,* sieht auch aus, als könnte man die Aufgabe damit bewältigen.

Etwas irritierend war nur, dass meine Bälle nicht auf dem direkten Weg ins Loch fanden, obwohl es auf dem *Putting Green* keine Hindernisse gibt wie auf dem Minigolfplatz?!

Nun gut, es war ja nur meine zweite Lektion, was kann man da schon erwarten. Es ist noch nie ein Meister vom Himmel gefallen.

Tja, und dann ging das so weiter. Ich hatte mehr und mehr Lektionen, aber die grossen Erfolge bleiben bis anhin aus.

Noch immer arbeite ich gegen die Natur: Die lässt Gras aus dem Acker spriessen und eine schöne Wiese entstehen. Ich mache Acker aus der schönen Wiese.

Langsam kann ich mich nicht mehr damit herausreden, dass es einfach meine erste Stunde war. Mein Golflehrer meint dazu nur, die ersten 10 Jahre Golf seien halt die schwierigsten.

Mein Bekenntnis zum Golfspiel hat aber auch einen unerwartet erfreulichen Nebeneffekt: Lukas witterte die Gelegenheit, seine Spielsachen aufzustocken, sprich einen Golfwagen zu kaufen.

In Dainfern sieht man diese Gefährte nicht nur auf dem Golfplatz, sondern im ganzen Estate herumkurven. Die direkt an Dainfern angrenzende Privatschule hat sogar einen speziellen Parkplatz nur für Golfwagen, weil sich viele Kinder damit zur Schule chauffieren.

Das Fahren ist denkbar einfach, es hat ein Gaspedal, eine Bremse und einen Schalter für Vorwärts- oder Rückwärtsgang. Nebst einem Lenkrad.

Lukas wollte natürlich nicht hinter den Teenagern zurückstehen. So mutierte meine Küche über Nacht zu einer Golfwagen-Ausstellung, mit Prospekten am Kühlschrank, über dem Herd, ans Fenster gelehnt...

Golfwagen in weiss, in rot, in grün, in schwarz, auf dem Golfplatz vor dem Berg, auf dem Golfplatz vor dem Meer, vor einem blendend weissen Clubhaus...

Ich musste damit rechnen, dass ich eines Morgens schlaftrunken aus dem Fenster schauen und eine Auswahl verschiedener Golfwagen mit darauf drapierten Blondinen in kurzen Kleidchen und mit überlangen pinkfarbenen Fingernägeln in meinem Garten finden würde.

Also schicke ich Lukas am nächsten Samstag auf den Weg, sich das Modell seiner Wahl zu sichern. Wenn möglich in rot. Alles andere kann er nach Herzenslust wählen.

Ja, genau, wir sind ein konservatives Ehepaar mit genau definierten Rollen.

Ein paar Wochen später wird dann das Gefährt eines Morgens zu uns nach Hause geliefert. Zum Glück habe ich es gleich an die Steckdose gehängt und die Batterie aufgeladen, denn als die Jungs von der Krippe heimkommen, muss ich sie natürlich gleich auf eine Spritzfahrt mitnehmen. Tim ist erwartungsgemäss Hin und Weg von seiner schicken Version eines Traktors, und sogar Max lässt sich angesichts des vierrädrigen Vehikels zu einem langdauernden Vortrag von Kehllauten hinreissen. Wir fahren also einmal ums Quartier, und der Golfwagen hat schon gewonnen. Auch mich.

Es macht einfach Spass!

Das Wägelchen schnurrt und ist fähig, einen zu transportieren, aber man fühlt sich doch ein bisschen wie auf dem Rummelplatz, wie im Spiel. Und in der frischen Natur.

Für jede Besorgung und jeden Besuch, wo es möglich ist, benütze ich jetzt unser neues Vehikel. Und mindestens jeden zweiten Tag kurven die Jungs und ich einfach so ein bisschen durch die Gegend. Endlich doch noch ein neues Hobby, das uneingeschränkt Spass macht!

Was für ein Glückspilz ich doch bin, seufze ich behaglich.

Gibt es im Leben etwas, das spannender und erholsamer ist, als die Natur zu beobachten? In diesem Augenblick fällt mir nichts ein. Absolut nichts.

Uneingeschränkt glücklich sitze ich im offenen Landrover und beobachte zwei Zebra-Hengste, die sich zähnebleckend neben ihrer Herde zanken. Weiter hinten grast eine Herde Gnus, immer wieder hebt eins den Kopf und beäugt uns misstrauisch.

Nach rund vierstündiger Fahrt sind wir heute Mittag in der Madikwe Safari Lodge eingetroffen. Die Lodge liegt im privaten Madikwe *Game Park*, wobei das Wort „privat" vielleicht einen falschen Eindruck hinterlässt: Der Park ist etwa achtmal so gross wie die Insel Sylt.

Die Lodge-Managerin Susie empfängt uns sehr herzlich, und dienstbare Geister begannen gleich, den Inhalt unseres Kofferraums in ein Gästehäuschen zu transportieren, während wir unseren Willkommenstrunk geniessen.

Zur Beruhigung von Susie versichert Lukas, dass wir nicht gleich für immer bleiben werden, sondern dass dieser gewaltige Berg an Gepäck halt einfach die paar Kleinigkeiten sind, die eine Familie mit zwei kleinen Kindern mit sich herumschleppt.

Von unserem Gästehäuschen in der Madikwe Safari Lodge bin ich gleich begeistert: Es steht ausser Sichtweite von den beiden benachbarten Häuschen mitten im Busch und ist vollständig aus natürlichen Materialien gebaut. Kaum eine Gerade scheint es am Haus zu geben, und diese organischen krummen Linien geben ihm einen ganz eigenen, halt afrikanischen Charme. Es passt perfekt in die Wildnis.

Afrikanisch ist auch der Gegensatz, dass unser Gästehäuschen von aussen gesehen in einen Zulu-*kraal* passen würde, von innen jedoch mit jedem Fünfstern-Hotel in Europa mithalten kann:

In der Sitzecke vor der offenen Feuerstelle wurde das Sofa zu einem Bett für Tim und Max umfunktioniert, daneben steht ein grosses Doppelbett direkt vor dem Panoramafenster mit Sicht auf den Busch, und nebst dem riesigen Badezimmer gibt sogar eine Dusche draussen auf der hölzernen Terrasse, unter freiem Himmel!

Und nicht nur duschen, sondern auch baden können wir mitten in der Wildnis, weit weg von allen neugierigen Augen: Wir haben unseren eigenen runden kleinen *plunge-pool* auf der Terrasse!

Das Problem mit diesen Pools, erklärt uns Susie, war früher, dass die Elefanten sie zum Trinken missbraucht und den Gästen einen riesigen Schrecken eingejagt hätten. Die Dickhäuter sind nicht immer freundlich und die Situation wurde schliesslich so bedenklich, dass das Lodge-Management einen Drahtzaun um die Lodge ziehen musste, um diese Gewohnheit zu unterbinden. Jetzt ist das Baden wieder sicher.

Unser Zimmer ist afrikanisch-organisch-modern eingerichtet, in einem tollen Stil und mit viel Liebe zum Detail. Hier findet sich keine Spur von den dunklen geschnitzten Tieren und Masken, die üblicherweise als Kunsthandwerk in den von Touristen besuchten Geschäften verkauft werden.

Die typischen lokalen Ndebele-Puppen beispielsweise, die hinter dem Betthaupt stehen, wurden mit beiger Farbe angemalt und wirken frischer und moderner als die Originale, ohne aber ihre Herkunft zu verleugnen.

Auf dem Bett liegt eine Kuscheldecke aus Springbockfell-Quadraten, die orange eingefärbt sind. Das Badezimmer ist durch ein geflochtenes Paneel aus dünnem Kupfer vom Schlafzimmer abgetrennt. Die PET-Wasserflasche steckt in einer geflochtenen Hülle.

Alles wirkt hip und interessant, aber doch naturnah, aus Naturmaterialien mit verschiedenen Texturen gestaltet.

Und dann eben noch die speziellen Details, die ich noch in keinem Hotel gesehen habe: Die Seife im Badezimmer beispielsweise ist handgemacht und aus lokalen Produkten hergestellt. In der Garderobe steht eine Flechttasche mit einem Schildchen „*gym in a bag*“, also „Fitnessraum in einer Tasche“. Darin enthalten sind eine Yoga-Matte, Dehnungsbänder und Hantel.

Äh, ja. Man könnte sich also trimmen, wenn man wollte. Ich entscheide, dass ich dafür keine Zeit habe, denn nebst den zwei täglichen Game Drives, dem köstlichen und stilvoll servierten Essen muss ich ja noch das tolle Zimmer und den *plunge-pool* geniessen, da bleibt für schweisstreibende Aktivitäten keine Zeit mehr.

Und jetzt sind wir schon auf unserem ersten Game Drive, während die Kinder mit einer Babysitterin in der Lodge herumstreifen. Gerade eben hat eine Hyäne unseren Weg gekreuzt, doch sie scheint sehr zielstrebig unterwegs zu sein und ist gleich wieder in den Büschen verschwunden. Unser Ranger Wilson biegt sofort in einen kurvigen Grasweg ein, um sie zu verfolgen, doch wir bekommen sie nicht mehr zu Gesicht.

Dafür entschädigen uns zwei Nashörner, die wir bald darauf im Gebüsch mampfend vorfinden. Die bulligen Tiere mit ihren urweltlichen Panzern und den winzigen Augen sehen beinahe unecht aus.

Als wir zurückkommen, ist in der Lodge das Nachtessen bereit, in Form eines Buffets im von einem Feuer und Petrollampen erleuchteten *boma*. Was für eine romantische Stimmung! Und wieder zeigt sich das herrliche *Dinner* der Stimmung würdig. Ich glaube, langsam ein Muster zu entdecken in Sachen Essen in südafrikanischen Lodges. Ein sehr positives.

Unser Gästehäuschen liegt zu weit entfernt vom *boma*, als dass wir noch hätten dort bleiben können, nachdem wir Tim und Max ins Bett gebracht haben.

Hier brauchen wir uns um Malaria keine Sorgen zu machen, denn Madikwe ist frei davon. So sitzen Lukas und ich noch ein bisschen auf der hölzernen Terrasse unseres Häuschens, lassen die Beine in unseren kleinen Pool baumeln und betrachten sinnend den in undurchdringliche Dunkelheit gehüllten Busch, über dem sich der weite afrikanische Sternenhimmel spannt.

Nach dem morgendlichen Game Drive und einem üppigen Frühstück kommt das Highlight für Tim und Max: Mit strahlenden Gesichtern klettern sie in den Landrover, denn Wilson nimmt sie mit auf eine Ausfahrt nur für Kinder. Und deren Mamas oder Papas, wenn's beliebt.

Schon kurz nachdem wir losgefahren sind, hält Wilson an, um drei orange Blumen zu Pflücken. Gleich unterhalb der Blüten schlitzt er den Stiel ein, und siehe da, er kann ganz melodiös pfeifen damit. Tim und Max wollen das natürlich sofort auch probieren, und begleitet von Pfeifen (Tim) und Prusten (Max) erreichen wir die Hauptstrasse, eine Sandstrasse, auf der sich zwei Autos kreuzen können.

Es herrscht Stau: Ein kleiner Lieferwagen rollt langsam und in respektvollem Abstand hinter einem riesigen Elefanten her, der auf der Strasse marschiert. Wilson wird vom Lieferwagen vorbeigewinkt, doch auch er getraut sich nicht, den Elefanten zu überholen.

Macht nichts, denn schon bald schwenkt der Dickhäuter auf einen kleinen Fahrweg ein, der zu einem grossen Wasserloch führt. Wir natürlich hinterher.

In Sichtweite des Teichs kratzt sich der graue Riese behaglich an einem grossen Baum, um dann nach einem misstrauischen Blick in unsere Richtung ins Wasser zu steigen.

Zuerst schlürft er behaglich ein paar Rüssel voll Wasser, doch dann wird derselbige zur Dusche umfunktioniert. Schlammig-graues Wasser spritzt über seinen Rücken und tropft an seinen Flanken herunter, während der Elefant genüsslich prustet. Doch das scheint ihm nicht genug zu sein, langsam und schwerfällig legt sich unser Freund im Wasser auf seine Seite und taucht vollständig unter, bis nur noch der Rüssel als Schnorchel zu sehen ist.

Der Anblick ist zu komisch, wir können nicht mehr und fangen alle hemmungslos an zu lachen: Wilson, Tim, Max, Lukas und ich.

In der Lodge hilft Ranger Wilson unseren beiden Jungs dabei, nach Schmetterlingen Ausschau zu halten. Tim und Max haben je eine Tasche mit einer Entdecker-Ausrüstung erhalten, mit der sie im Busch Erfahrungen sammeln können.

„Natürlich nur mit kleinen Tieren! Wir schauen mal, ob wir die *little five* finden können, statt die *big five*," lacht Wilson. „Zu den *little five* gehört zum Beispiel die Löwen-Ameise."

In den Unterlagen habe ich gelesen, dass Madikwe Safari Lodge zum südafrikanischen Reiseunternehmen &Beyond gehört, das die Verantwortung gegenüber Mensch und Tier sehr ernst nimmt. Nicht nur die Safari Lodges werden nach ökologischen Standards geführt, sondern auch das Hauptquartier in Johannesburg. Zudem sorgt das Unternehmen dafür, dass auch die lokale Bevölkerung von den Lodges profitiert, indem sie Arbeitsstellen und damit Einkommen sowie Ausbildung anbieten, die weit über den Bedarf der Lodges hinausgehen. &Beyond gewinnt regelmässig Preise von Reisezeitschriften, Umweltorganisationen und ähnlichen Einrichtungen, und die Firma hat schon expandiert in andere afrikanische Staaten sowie nach Asien. Was beweist: Nachhaltige Geschäftsführung muss kein wirtschaftlicher Nachteil sein!

Auf dem abendlichen Game Drive, nachdem die Sonne untergegangen ist und es schon dunkel ist, stoppt Wilson plötzlich und lauscht intensiv in den Busch. Jetzt hören auch wir es: Löwengebrüll. Das heisst, wieder dieses röchelnde Bellen, das wir schon in der Kambaku Safari Lodge gehört haben.

Es handelt sich um ein kleines Rudel Löwen, das von zwei alten Brüdern angeführt wird. Einer liegt mit rundem Bauch im Gras, wo ihn Wilson mit seiner Lampe vorsichtig indirekt anleuchtet, und brüllt. Der andere Bruder hält ein Gnu-Hinterteil in seinen Pranken und leckt genussvoll am Fleisch. Die Löwenweibchen streichen unruhig um die Brüder herum und warten darauf, dass sie beim Fressen zum Zuge kommen.

Die Stimmung ist eigenartig: Wir sitzen im totalen Dunkel auf unserem Gefährt und Wilsons Lampe erhellt die Szenerie nur notdürftig, weil er die Tiere nicht blenden will. Einmal zucke ich vor Schreck zusammen, weil eine Löwin gerade unter mir an der Seite unseres Fahrzeugs vorbeischleicht. Ich bin hin- und hergerissen zwischen Neugier und Angst.

Müssen wohl ein paar uralte Instinkte sein, die sich hier an die Oberfläche kämpfen.

Wie in Kambaku verbringen wir ebenfalls zwei Nächte in Madikwe Safari Lodge. Und wie dort, fällt uns der Abschied schwer. Zum Glück werden wir auch in Zukunft Gelegenheit haben, den afrikanischen Busch zu besuchen. Unser Sohn hat sich jetzt nämlich für eine Berufslaufbahn entschieden: Tim will *Game Ranger* werden.

An einem sonnigen - was denn sonst! - Freitagnachmittag Anfang Oktober bin ich auf der Rückfahrt vom Supermarkt als ich in den Radionachrichten höre, dass wir momentan eine Hitzewelle erleben.

Mir fällt ein Stein vom Herzen!

Seit Mittag schwitze ich im grossen Stil, und wenn ich nicht nach langem Zaudern – es ist erst Frühling! - doch noch die Strickjacke ausgezogen hätte, dann hätte mein T-Shirt jetzt sicher Schweissränder von den Achseln bis zum Gürtel.

Über dem Rauschen der auf vollen Touren arbeitenden Klimaanlage im Auto kann ich gerade noch hören, dass das Thermometer am Wochenende „auf sommerliche Temperaturen" klettern soll. Prima, ich mag warmes Wetter, da lasse ich mich gerne überraschen!

Abends um sechs Uhr unternehmen Tim, Max und ich noch eine Spritztour im Golfwagen und geniessen das laue Lüftchen, das unsere Haare zerzaust. Ah, das ist das wahre Leben!

Nachdem es in Johannesburg während des Winters schon um halb sechs dunkle Nacht ist, scheint jetzt immer noch die Sonne, und dazu diese sommerliche Brise... Wunderbar!

Lukas ist auf Geschäftsreise, und wir geniessen die Ausfahrt, bis es dunkel wird. Nachdem ich die Jungs zu Bett gebracht habe, sinke ich wohlig seufzend auf den Liegestuhl am Pool. Die Temperatur ist wie in den Sommerferien am Mittelmeer, der Sternjasmin blüht und duftet süss, die Sterne funkeln, vor dem Haus plätschert der Brunnen, von ferne rauscht leise der Verkehrslärm, und irgendwo bellt ein Hund gelangweilt und einsam. So soll es hier im Sommer sein – herrlich, das ist ja wie Urlaub!

Den nächsten Tag geniessen wir drei so richtig als Sommertag. Frühstück gibt es auf der Terrasse. Der Plastik-Sandkasten wird zum Kinderbad umfunktioniert und die Jungs planschen lautstark und ausgelassen. Am Mittag halten wir ein Picknick auf einer Decke im Schatten. Nachmittags lassen wir uns bei einer Ausfahrt im Golfwagen die laue Brise um die Ohren wehen.

Erst als es schon fast dunkel wird, sehen wir die grauen Wolken am Himmel. Zur Schlafenszeit von Tim und Max geht die Show am Himmel los: Blitze überziehen den Himmel mit leuchtenden krakeligen Mustern, und der Donner kracht furchterregend in immer kürzeren Abständen.

Ich beeile mich, die Kabel vom Computer, vom Fernseher und von allen elektrischen Geräten, an die ich gerade denken kann, aus dem Stecker zu ziehen.

Danach lasse ich mich auf einen Sessel vor dem Fenster nieder, drücke je einen kleinen Jungen links und rechts an mich und beobachte staunend das wohl fürchterlichste Gewitter, das ich je erlebt habe.

Nachdem die himmlischen Kracher etwas nachlassen, hören wir ein intensives Rauschen vor unserem Fenster. Tim macht Licht auf der Terrasse und wir sehen, wie sich ganze Sturzbäche auf dem Abfluss der Dachrinnen ergiessen. Die sind nicht etwa unterirdisch an die Kanalisation angehängt, sondern hören kurz vor dem Boden auf, so dass die Besitzer ja auch richtig mitbekommen, wie viel Wasser vom Himmel stürzt.

Das ist übrigens nicht zu unterschätzen: In der Zwischenzeit habe ich irgendwo gelesen, dass Johannesburg ebensoviel Niederschlag hat wie London. Nur dass es dort dauernieselt, während in Johannesburg die Sonne im Durchschnitt 8.7 Stunden scheint - pro Tag, wohlgemerkt. Aber wenn's regnet, dann giesst es. Wahrscheinlich fällt nur an den Victoria Wasserfällen noch mehr Wasser pro Minute.

Das Unwetter hat noch mehr angestellt. Bestürzt muss ich am nächsten Morgen feststellen, dass der nächtliche Gewittersturm einen Baum in unserem Garten einfach um einen Drittel reduziert hat. Zugegeben, der Baum steht etwas ungeschützt in der Mitte des Gartens, hinter dem Pool, als gartenarchitektonischer Blickpunkt halt.

Und jetzt ist einfach einer der drei grossen Äste am Stamm abgeknickt, er hängt aber dummerweise noch am Baum. Schon wieder bin ich mit einer häuslichen Situation konfrontiert, die doch eigentlich mein Mann zu bewältigen hätte, der aber durch Abwesenheit glänzt. Nun ja, zumindest sind meine Jungs mächtig interessiert, als die Mama mit der Säge auftaucht und sich am Baum zu schaffen macht. Zum Staunen bringt sie das zwar nicht. Klar, die Mama und der Papa können ja alles, weshalb also nicht auch praktisch einen Baum fällen?

Die Regensaison wäre damit endgültig eröffnet, sozusagen mit einem Feuerwerk. Von da an werden wir erleben, dass es während der Sommermonate, also von Oktober bis März, so circa jeden dritten Tag zur späten Nachmittagszeit einen Platzregen bzw. ein Gewitter gibt. Zum Glück werden wir in Dainfern immer rechtzeitig gewarnt, weil auf dem Golfplatz die Sirene ertönt. Die Golfspieler müssen dann ihr Spiel unterbrechen bis zur Entwarnung. Golf zu spielen während einem Gewitter ist anscheinend äusserst gefährlich: Zum einen, weil der Spieler mit einem metallenen Stab in der Luft herumfuchtelt und die Blitze von Metall angezogen werden. Zum anderen auch, weil durch die Bewegung ein elektrisches Feld entsteht, von dem der Blitz ebenfalls angezogen wird.

Während eines Gewitters sollte man sich im Freien möglichst nicht bewegen. Was für eine prima Ausrede, um sich auf eine trockene Terrasse zurückzuziehen, sich in einen bequemen Sessel sinken zu lassen und sich ein Glas kühlen Chardonnay zu genehmigen. Nur aus Gesundheitsgründen, natürlich. *Cheers*!

14

Manchmal kann ich Lukas begleiten zu geschäftlichen Anlässen, bei denen auch Partner zugelassen sind. Als nette Abwechslung zum Alltag als Mutter und Hausfrau kann ich meine möglichst-bequeme-Jeans-und-T-Shirt-Kluft eintauschen gegen etwas Schickeres, um dann leicht schwankend auf hohen Absätzen neben meinem Mann herzustöckeln. Aufregend sind diese Anlässe selten, aber uninteressant sind sie auch nicht.

An einem Donnerstag im November sind wir zum Beispiel eingeladen zu einem Abendanlass, der von einem grossen internationalen Industriekonzern gesponsert wird. Er findet im Westcliff Hotel statt, das rosarot und putzig auf mehreren Ebenen an einem steilen Hügel gebaut ist, mit bester Aussicht auf die *northern suburbs,* das Johannesburger Stadtzentrum und sogar den Zoo.

An diesem Abend wird der Start eines Programms gefeiert, mit dem ausländische Firmen Südafrikanern eine Ausbildung in technischen Berufen offerieren.

Auch KehlTech, die ja eine Industriegesellschaft ist, nimmt an diesem Programm teil und bildet in ihrer Firma südafrikanische Lehrlinge zu Schlossern, Spenglern und Schweissern aus.

Ein südafrikanischer Minister ist als Gastredner eingeladen, ein älterer Herr indischer Herkunft, anscheinend ein alter Freund des ehemaligen südafrikanischen Präsidenten Thabo Mbeki. Er bleibt mir in ziemlich schlechter Erinnerung, weil seine Rede so fehl am Platz ist.

Nach einer kurzen Einleitung in der mit so vielen Zahlen um sich schmeisst, dass seine Zuhörer schon mal glasige Augen kriegen lassen von der Anstrengung, doch noch interessiert zu gucken, schwenkt er über auf den Kampf gegen die Apartheid. Den *struggle,* über den er sich während 15 Minuten auslässt. Zwar wichtig und interessant - aber warum wählt er dies als Redeinhalt für den heutigen Abend, wo wir als Ausländer doch mit der Apartheid nichts am Hut haben? Warum muss ausgerechnet dieser Minister auf diesem Thema herumreiten? Er, der notabene gar nicht tief in den *struggle* involviert war, sondern in London im Exil aufwuchs und die besten Universitäten besuchte, während andere für den Kampf gegen die Apartheid während Jahren im Gefängnis schmorten oder sogar starben? Und vor allem: Weshalb ist der *struggle* heute sein Hauptthema, nachdem doch die Regierung des Herrn Minister schon mehr als zwanzig Jahre in Südafrika an der Macht ist?

Im kurzen dritten Teil seiner Rede fordert der Herr Minister sozialwirtschaftliche Änderungen im Land, insbesondere dass die Getreideproduzenten ihre Produkte für tiefere Preise verkaufen, damit Brot und Maismehl billiger werden. Spätestens in diesem Moment fühlt sich der geneigte Zuhörer ein bisschen an die Herrschaft von Robert Mugabe in Simbabwe erinnert, der den Verkäufern von Grundnahrungsmitteln so tiefe Verkaufspreise vorschrieb, dass diese zwangsläufig die Produktion einschränkten oder gar stoppten. Sie mussten im Einkauf mehr für die Produkte bezahlen als sie im Verkauf dafür verlangen konnten, und zahlten so für jedes verkaufte Brot teures Geld. Schon ein Primarschüler hätte den Fehler im System begriffen, doch das Staatsoberhaupt liess seinen Plan einfach mit Gewalt durchboxen, bis die Geschäftsleute kollabierten.

Schade, wenn ein Vertreter der südafrikanischen Regierung so auftritt.

Schade, wenn er sich überhaupt nicht auf das Thema des Abends einlässt.

Schade, wenn er nur über die Vergangenheit spricht.

Schade, wenn er als Pünktchen auf dem i auch noch abstruse wirtschaftliche Pläne vertritt.

Wie überall auf der Welt wird auch in Südafrika kräftig über die Regierung geschimpft. Hier vielleicht noch ein bisschen mehr, weil die Apartheid-Südafrikaner jahrelang ihre egoistische Lebensweise damit geschützt haben, dass die Schwarzen zu wenig intelligent seien, um für sich selber zu schauen. Und jetzt werden sie von Schwarzen regiert.

Tatsache ist, dass die ANC-Regierung seit dem Ende der Apartheid-Ära ihre Sache sehr gut gemacht hat.

Aussenpolitisch hat der erste schwarze südafrikanische Staatspräsident, Nelson Mandela, die Sympathien und die Hilfe aller anderen Staaten der Welt für Südafrika sichern können - und dies, nachdem das Land während der Apartheid jahrelang isoliert in der Welt dagestanden hatte.

Innenpolitisch hat er ein kleines Wunder vollbracht, indem er die verschiedenen Bevölkerungsteile dazu brachte, sich zu einem Land zu bekennen.

Er und seine Nachfolger haben es durchaus geschafft, das Land vernünftig zu regieren. Eine Balance zu finden zwischen den vielen verschiedenen Ansprüchen. Die ausgezeichnete Infrastruktur Südafrikas zum Beispiel - funktionierende Wasser- und Stromversorgung, europäisch anmutende Autobahnen, etc. - hat die ANC-Regierung von der Apartheid-Ära „geerbt" und zum Glück weitergepflegt, wenn auch nicht ganz auf dem selben hohen Niveau wie früher. Denn dank dieser Infrastruktur ist Südafrika der Wirtschaftsmotor des ganzen afrikanischen Kontinents, ein Land, in dem investiert und produziert werden kann und in dem es daher Arbeitsplätze und Einkommen gibt.

Andererseits muss die Regierung daran arbeiten, die Lebensbedingungen der bitter Armen zu verbessern. Häuserbau, Arbeitsplätze schaffen... auch das kostet viel Geld. In diesem Bereich gibt es in Südafrika jedoch auch viel Solidarität. Schon den Kleinsten wird an der Schule ein Gefühl für die *community*, die Gemeinschaft, gelehrt, und fast alle Südafrikaner, die ich kenne, unterstützen die Wohlfahrt in irgendeiner Weise. Im Winter zum Beispiel wird am Radio zum Spenden von Decken für die Armen aufgerufen, die wohlhabenden Bewohner von Dainfern spenden warme Kleider, Spielzeug und ähnliches für die armen Bewohner von Diepsloot, und in der Krippe gibt es eine Schachtel für *Meals on Wheels*, die von den Müttern regelmässig mit Suppenpulver, Maismehl und Büchsennahrung für die Bedürftigen gefüllt wird. Das ist Solidarität in kleinem Raum - Dainfern und Diepsloot sind eigentliche Nachbargemeinden, rund 10 km voneinander entfernt.

Wie es einem Land geht, das nur von der internationalen Wohlfahrt abhängt, lässt sich in Südafrikas Nachbarstaat Lesotho beobachten: Dort ist fast die Hälfte der Bevölkerung abhängig von den Lebensmittellieferungen der ausländischen Hilfswerke.

Lokale Landwirtschaft gibt es praktisch keine, obwohl die Bedingungen dafür nicht viel schlechter sind als in Südafrika, wo in den ländlichen Gebieten jeder auf seinem Land ein bisschen Mais anpflanzt und Hühner und Kühe hält. Worauf können diese Menschen denn stolz sein? Ist es nicht auch ein menschliches Bedürfnis, Befriedigung zu erlangen von dem, was man geschaffen hat? Weshalb soll man sich überhaupt anstrengen, wenn der Kochtopf sowieso gefüllt wird?

Die Faulen werden nicht benachteiligt, die Innovativen und Fleissigen erhalten keine Belohnung für ihre Anstrengungen. Das ist eine ähnliche Situation wie in den sozialistischen Ländern in Europa - wo auch niemand mehr so leben will. Ausgerechnet die Chinesen bauen nun in Lesotho Textilfabriken. Mir scheint dies die bessere Entwicklungshilfe zu sein, weil es Hilfe zur Selbsthilfe bietet.

Die erfolgreiche Ökonomin Dambisa Moyo aus Sambia weist in ihrem Bestseller-Buch „Dead Aid" nach, dass die internationale Entwicklungshilfe den afrikanischen Kontinent ärmer gemacht hat, als er vor 50 Jahren war. Sie erhebt den Vorwurf, dass die Entwicklungshilfe der Weltbank, des Internationalen Währungsfonds und der privaten Organisationen keine Jobs und damit Nachhaltigkeit schafft, sondern Inflation, Schulden, Bürokratie und vor allem Korruption in die afrikanischen Länder bringt.

Sogar eine Studie der Weltbank hat belegt, dass 85% der gesprochenen Gelder anders benützt wurden als vorgesehen. Insbesondere die korrupten Diktatoren wie Mobutu, Idi Amin oder Robert Mugabe haben sich einen Grossteil davon unter den Nagel gerissen, um ihren irrwitzigen privaten Lebensstil zu sichern.

Es tönt schrecklich, aber auch einleuchtend: Dambisa Moyo behauptet, dass auch die Angestellten der Wohlfahrtsorganisationen daran interessiert sind, dass in Afrika keine wirtschaftliche Entwicklung stattfindet. Sie würden sonst ihre Daseinsberechtigung verlieren.

Moyos Lösungswege: Die Entwicklungshilfe in Afrika innerhalb von fünf Jahren komplett abzuschaffen. Und die betroffenen Länder zu zwingen, sich auf dem Weltmarkt zu behaupten. Wie der Marshall Plan, der Europa nach dem zweiten Weltkrieg wieder auf die Beine geholfen hat, sollen auch in Afrika die Spendengelder nur während einem streng definierten Zeitraum fliessen.

Den Privatpersonen, die Afrikas Bevölkerung unterstützen wollen, empfiehlt sie statt Spenden einen Mikrokredit zu vergeben, der dann aber zurückbezahlt werden muss. Dies ist zum Beispiel möglich über die Grameen Bank oder die amerikanische Organisation kiva, bei der jedermann Mitglied werden kann, der über einen Internetanschluss und eine Kreditkarte verfügt.

Die Mitglieder von kiva können aus einer Liste konkret die Privatpersonen auswählen, denen sie einen Kleinkredit (mindestens 25 US Dollar) geben wollen. Das scheint zu funktionieren. Die Rückzahlungsquote bei kiva beträgt 98.35 Prozent. Damit scheint die Anlage fast sicherer als das Deponieren von Vermögen bei grossen amerikanischen Investmentbanken.

Die südafrikanische Regierung hat sich deshalb auch für einen Weg entschieden, wie die schwarze Bevölkerung an der Wirtschaft teilnehmen kann. Es ist offensichtlich, dass die grossen südafrikanischen Firmen nicht zerschlagen werden dürfen.

Ebenso offensichtlich ist es aber, dass die Wirtschaftsführer keine schwarzen Mitarbeiter „von der Strasse" in ihr Management aufnehmen würden – wenn sie denn nicht müssten.

Die ANC-Regierung hat daher das schlaue Programm *Black Economic Empowerment*, kurz *BEE* eingeführt. Vereinfacht dargestellt erhalten die südafrikanischen Firmen Punkte für jede nicht-weisse Person, die im Management einer Firma Einsitz nimmt. Je höher die Position, und je grösser die Benachteiligung der Bevölkerungsgruppe, desto mehr Punkte. Eine schwarze Frau im Verwaltungsrat einer Firma gibt grob gesagt ebenso viele Punkte wie zum Beispiel zwei schwarze männliche Buchhalter. Und jede Firma muss eine bestimmte Anzahl von Punkten vorweisen können, um in Südafrika Geschäfte machen zu können. Das System ist einfach zu verstehen, sorgt für mehr soziale Gerechtigkeit, gibt den Firmen doch die Freiheit zu wählen, wen sie anstellen, und wird mittelfristig hoffentlich dazu führen, dass die wirtschaftliche Führung des Landes farbiger wird. Genial einfach, einfach genial!

Wie mir schon früher aufgefallen ist, mischen sich die Angehörigen verschiedener Farben bzw. Kulturen in diesem Land kaum. In der südafrikanischen Werbung sieht man immer diese *braais* mit Menschen aller Farben, die gemeinsam am Tisch sitzen und sich fröhlich unterhalten. Ich habe so etwas noch nie erlebt.

Entgegen meinen Erwartungen muss ich sogar gestehen, dass ich hier in Südafrika keine schwarzen Freunde habe. Zwar habe ich die Kontaktaufnahme mit schwarzen Müttern in der Kinderkrippe versucht, doch eine Freundschaft hat sich nicht ergeben. Nicht einmal eine Beziehung. Ich wurde recht zügig, freundlich und doch resolut abgewiesen. Ihre Kinder treffen sich in der Freizeit mit anderen schwarzen Kindern zum Spielen, meine spielen mit weissen Kindern. Nur in der Krippe oder auf den Spielplätzen in Dainfern treffen Menschen aller Farben zusammen: Die schwarzen Maids bringen ihre weissen, schwarzen oder farbigen Schützlinge an diesen Ort, wo sie sich fröhlich mischen.

Die Südafrikaner aller Couleur haben Vorurteile gegenüber den Angehörigen anderer Farben, das ergibt sich wohl aus der südafrikanischen Geschichte.

Wahrscheinlich kann kein Mensch völlig frei von Rassismus sein. Umso wichtiger ist es, wie wir damit umgehen.

Mittlerweile ist es so richtig Sommer geworden in Johannesburg. Nachts fällt das Thermometer nicht mehr unter 16 Grad, und tagsüber steigt es auf rund 28 Grad. Feucht-schwül wie in den Tropen ist es hier aber nicht, weshalb der Himmel auch immer blau strahlt und nicht gräulich verhangen ist.

Die Johannesburger erzählen einem bei jeder Gelegenheit und mit viel Stolz, dass sie das beste Klima der Welt hätten. Für das Gemüt ist die grosszügige Sonnenbestrahlung jedenfalls wunderbar!

Insgeheim hatte ich ja ein bisschen befürchtet, die vielen Sonnentage könnten langweilig werden - der Wechsel der Jahreszeiten ist doch grossartig! Zum Glück gibt es den in Johannesburg auch: Wir kamen im milden Spätsommer an; bald verfärbten sich die Bäume und verloren ihr Laub; im Juni und Juli fielen die Temperaturen nachts bis nahe zum Gefrierpunkt und morgens lag weisser Raureif auf den schattigen Wiesen; im August stiegen die Temperaturen langsam wieder; im September lag der Frühling spürbar und, dank dem blühenden Jasmin, riechbar in der Luft, die Blätter sprossen; dann begann die Regenzeit mit den wärmeren Tagen und den regelmässigen Platzregen, und jetzt ist es Sommer. Und während all dieser Zeit gab es selten einen trüben Tag, an dem die Sonne überhaupt nicht schien. Ein Funkthermometer, bei dem sich die Wölkchen zeigen bei Regen, braucht man in diesem Land wirklich nicht - ein Blick nach Süden genügt am Sommernachmittag, um zu sehen, ob ein Gewitter im Anzug ist.

Ich liebe warmes Wetter - auch von mir kriegt Johannesburg für sein Klima die volle Punktzahl!

Johannesburg liegt in Südafrika auf einem Hochplateau, dem *Highveld*, auf mehr als 1'700 Meter über Meer. Das erklärt die frostigen Winter, die zum Beispiel im *Lowveld*, wo der Krügerpark liegt, unvorstellbar wären.

Nur ein paar Kilometer westlich der Stadt befindet sich die sogenannte Wiege der Menschheit, *the cradle of humankind*. Dort finden die Archäologen eine reichhaltige Ausbeute an Spuren der Urmenschen. Eins der ältesten Gebeine der Welt, von einem unserer Ur-ur-Vorväter oder so, wurde zum Beispiel in einer riesigen Tropfsteinhöhle gefunden. *Little Foot,* der arme Kerl, war durch ein Loch in die Höhle gestürzt und überlebte den Unfall nicht. Die Höhle samt Unfallort kann man heute besuchen, und in der Nähe gibt es auch ein grossartiges interaktives Museum über die Entstehung der Welt, der Menschen und der Tiere.

Jetzt müsste man fast erwarten, dass Johannesburg ein Ort ist, der seit ewigen Zeiten besiedelt ist... aber so war es nicht. Von einer grösseren Siedlung der hier ansässigen Tswana ist nichts bekannt. Die *Trekkburen,* die im 19. Jahrhundert mit ihren Ochsenwagen in dieser Gegend auftauchten, wählten Pretoria, rund 60 Kilometer nördlich von Johannesburg, um eine Stadt aufzubauen.

Aber im Juli 1886 entdeckte ein australischer Abenteurer Gold im Witwatersrand, dem Hügelzug in Johannesburgs Westen. Zum Missfallen der Buren strömten Goldsucher, Glücksritter und ihr Gefolge aus aller Welt in Massen ins Gebiet und liessen sich in provisorischen Zelten nieder. Die Buren wollten keine englische Stadt vor den Toren Pretorias erlauben, deshalb kam der Bau von Johannesburg erst nach dem Ende des Anglo-Burenkriegs in Gang.

Im Stadtzentrum von Johannesburg sind die alten Strukturen von damals noch immer zu sehen: schachbrettartig angelegte Strassen, der Marktplatz und alte Häuser mit hölzernen Vordächern, die an *Saloons* aus amerikanischen Western-Filmen erinnern.

Einige Männer, die sogenannten *Randlords,* wurden damals durch den Goldabbau sehr schnell sehr reich und konnten sich riesige, luxuriöse Villen bauen. Die schwarzen Minenarbeiter jedoch wurden nur als Saisonarbeiter zugelassen. Sie mussten ihre Familien zurücklassen und unter traurigen Bedingungen in gefängnisartigen Kasernen hausen.

Die Bevölkerung, vorwiegend Männer mit durchaus rauen Sitten, wuchs rasant. Innerhalb von nur wenig mehr als 100 Jahren entstand aus einem kleinen Goldgräbernest aus Zelten ein wirtschaftliches Zentrum mit Einfluss auf einen ganzen Kontinent.

Die Minen auf dem Stadtgebiet sind schon lange geschlossen, doch geblieben sind die grossen Minengesellschaften, die Börse, die Banken, die Hochhäuser – die Funktion als wirtschaftliche Drehscheibe. Johannesburg ist heute sozusagen das New York von Afrika.

Das gilt auch für profanere Dinge als Grossbanken und Industriefirmen: Vor Ostern zum Beispiel sind auf der Strasse Taxis zu finden mit Autonummern von Botswana oder Simbabwe, die bis unters Dach gefüllt sind mit Taschen und Kartons und die auf dem Dach noch eine Ladung Matratzen mitführen. Dann sind die Gärtner, Maids oder anderen Arbeiter aus diesen Ländern auf dem Weg in die Osterferien zu ihren Lieben, samt Mitbringseln aus dem reichen Angebot Südafrikas. Textilien, Küchengeräte, Möbelstücke... alles findet seinen Weg über die Grenze in Gebiete, in denen diese Dinge schwer erhältlich sind.

Ebenfalls grosse Bedeutung für Afrika hat der *Muti-* oder *Mai-Mai-Market* in Johannesburg. *Muti* sind die Zutaten für die traditionelle afrikanische Medizin. Die konzentriert sich, so habe ich gelesen, nicht unbedingt auf die eigentlichen körperlichen Gebrechen. Die Medizinmänner gehen davon aus, dass diese nur die Folge eines Fluches sind, unter dem der Kranke leidet. Der Fluch und der Fluchende müssen also zuerst gebrochen werden, damit eine Heilung eintreten kann.

Zu König Shakas Zeiten gab es bei den Zulu eine drakonische Strafe für jemanden, der einen anderen verflucht hatte: Die Pfählung. Die verurteilte Person wurde auf einen zugespitzten hölzernen Pfahl gesetzt, der sich langsam durch sie bohrte, bis sie kläglich verendete.

Viele Leute machen sich von weit her auf den Weg zum *Mai-Mai-Market* in Johannesburg, um sich hier mit einem Amulett oder einer speziellen Zutat für einen Heiltrank oder eine Kräuterpampe zu versorgen. Der Ansturm ist so gross, dass die Stadt einen Taxiparkplatz nur für diesen Markt baut. Im Angebot sind zum Beispiel Köstlichkeiten wie Hyänen-Ohren und Gnu-Schwänze oder andere getrocknete Teile von Tieren, über die ich lieber nicht nachdenke.

Wir lieben Südafrika - aber alles muss man ja nicht mögen. Bei Husten fahre ich immer noch in die Apotheke und hole mir einen süssen Kräuter-Sirup.

15

„Nein, wie peinlich!“ war meine erste Reaktion, als ich Woolworths im Cresta Shopping Centre betrat und ganz hinten an der Wand einen Kranz hängen sah. „Die Weihnachtsdekoration hängt immer noch, und jetzt ist doch schon Frühsommer!“ Erst als ich weiter rechts davon eine Leiter sah und zwei Angestellte, die damit beschäftigt waren, weitere Weihnachtskränze aufzuhängen, fiel der Groschen: Wir sind auf der Südhalbkugel, hier beginnen die Weihnachtsvorbereitungen im Frühsommer.

Das war Ende Oktober.

Mittlerweile ist es Anfang Dezember und die Vorbereitungen für das Weihnachtsfest sind im vollen Gange. Die Frauenmagazine sind voll mit Weihnachtsthemen, vom Kochen übers Schenken über Familientreffen findet sich für alles ein *„how to..."*.

Meine südafrikanische Freundin Ilze stöhnt momentan lautstark über ihren Weihnachtsstress, was den grossen Vorteil hat, dass ich sie nicht über ihr Fest auszufragen brauche, die Geschichten sprudeln ohnehin nur so aus ihr heraus. In ihrer Familie scheint man Weihnachten zu feiern, wie es offenbar die meisten (weissen) Südafrikaner tun:

Spätestens Anfang Dezember wird der Christbaum aufgestellt. Natürlich kein echter Baum, denn in diesem Land gibt es keine Tannen. Ilzes Christbaum steht im Eingangbereich des Hauses, der *entry hall*, und besteht aus einem über zwei Meter hohen Plastikbaum, der als *„Colorado Pine Tree"* oder so ähnlich in den Geschäften angepriesen wird. Nebst verschiedenen goldfarbenen Kugeln und Schleifen ist er mit blinkenden farbigen Lämpchen bestückt. Unter dem Baum liegen hübsch verpackte Schachteln, die aber gemäss Ilze nur zur Dekoration dienen und keine Geschenke enthalten. Dafür sind sie farblich assortiert zum Christbaum.

Momentan rennt Ilze wie von Wespen gestochen in den *shopping malls* herum, weil sie noch nicht alle Weihnachtsgeschenke beisammen hat. Und sie braucht eine Menge davon: Jedes Mitglied der ausgedehnten Familiensippe wird bedacht, und zudem benötigt sie noch einen Vorrat an kleinen Geschenken, die sie an Freunde und Bekannte verteilen kann.

Insbesondere ihr Friseur bereitet ihr Kopfschmerzen, der soll ein besonders originelles, schickes, aber doch nicht zu teures Präsent erhalten. Und noch hat sie die Lösung weder in den Geschäften noch in den Frauenzeitschriften gefunden!

Nach dem Geschenkestress sieht Ilze schon den Pack- und Reisestress am Horizont, weil sie ins Familienferienhaus reisen wird, wo sich die ganze Sippe trifft. Das befindet sich rund 1000 Kilometer von Johannesburg entfernt in Plettenberg Bay an der berühmten Garden Route direkt am Meer.

Dort jedoch gedenkt Ilze in den ersten zwei Tagen die Flip-Flops anzuziehen, die Beine hochzulagern und höchstens von Zeit zu Zeit aufzustehen, um einen Streit zwischen den mitgebrachten Hunden der verschiedenen Familienmitglieder zu schlichten.

Denn ihre Schwägerin hat sich anerboten, das Weihnachtsmahl zu kochen. Das scheint jeweils eine ganz schöne Plackerei zu sein, denn neben dem gefüllten Truthahn müssen ganze Seen von Sauce und mindestens vier verschiedene Gemüse zubereitet werden. Und zum Abschluss des Festmahls gibt's traditionsgemäss den Weihnachtspudding, den man nach englischer Tradition schon Wochen vorher backen und dann mit Brandy getränkt ruhen lassen muss.

Obwohl die Südafrikaner im Allgemeinen eher sportliche Kleider tragen und manche sogar an öffentlichen Orten barfuss unterwegs sind, wird Weihnachten sehr stilvoll gefeiert. Am 25. Dezember werden bei hochsommerlichen Temperaturen die Roben aus dem Seidenpapier ausgewickelt und die *highheels* aus der

Schachtel ausgepackt, die Haare hochgesteckt oder mit Gel frisiert und der Familienschmuck hat seinen grossen Auftritt. Und dann beginnt das grosse Festmahl, am herrlich geschmückten langen Tisch.

Und wenn es normal läuft, befindet sich Ilze dann schon mitten im Familienstress. Die Familiensippe, die im ganzen südlichen Afrika verstreut ist, trifft sich nur zu Weihnachten, um dann ungewohnt nah und eng aufeinanderzuhocken. Und sich zu zanken. Oder auch nicht, und dafür zu schmollen oder zu grollen.

Aber das ist ja nun sicher keine südafrikanische Spezialität.

Die grossen Sommer- und Weihnachtsferien der südafrikanischen Schulen beginnen Anfang Dezember und dauern bis Mitte Januar. Wir sind schon vorgewarnt: Zwischen Mitte Dezember und Mitte Januar steht das Land still. Es wird nichts erledigt, Gärtner sind im Urlaub, Handwerker nicht zu erreichen, Lieferungen müssen warten, das Postfach wird in dieser Zeit lediglich sporadisch und spärlich gefüttert. Nur auf den Strassen und an der Küste herrscht Hochbetrieb, dort stehen die Urlauber Stossstange an Stossstange und brauchen viel Geduld, bis sie endlich auf ihrem Surfbrett in die Wellen paddeln können.

Deshalb haben wir geplant, in der ersten Woche im Dezember, wenn die Schulferien gerade begonnen haben, noch vor dem grossen Sommerferien-Ansturm nach Kapstadt zu reisen.

„Das schönste Ende der Welt" - wir sind gespannt. Als wir nach einem zweistündigen Flug den Flughafen im Mietwagen verlassen, bekommen wir auf der Autobahn in Richtung Kapstadt erst mal das lokale *squatter camp* zu sehen, das *township* Khayelitsa, das sich entlang der Strasse erstreckt. Hier wurde eine moderne afrikanische Film-Adaption der berühmten Oper „Carmen" von George Bizet gedreht. Alle Lieder wurden vom Französischen in Xhosa übersetzt, die Polizisten sind mit Autos unterwegs statt zu Pferd, Carmen und ihr Verehrer treffen sich in *shebeens,* den illegalen Kneipen der südafrikanischen *townships,* er wird Drogenhändler statt Schmuggler, und Carmen wird von einer recht fülligen sexy Schauspielerin verkörpert. Im Jahr 2005 gewann dieser Film, „U-Carmen E-Khayelitsa", in Berlin einen goldenen Bären.

Wir erblicken schon bald den berühmten Tafelberg, allerdings von hinten, und dann das Meer, den Atlantik. Das verlangt nach Musik, Johnny Cleggs: *„Asimbonanga... Asimbonang' uMandela thina, Laph'ekhona, Laph'ehleli khona".* Darin beklagt ein afrikanischer Männerchor in Zulu, dass Mandela schon lange nicht mehr gesehen wurde. Und wir blicken just auf den Teil des Meeres, der Nelson Mandela für mehr als 20 Jahre von seinem Land trennte, als er auf der Gefängnisinsel Robben Island eingesperrt war.

In Camps Bay, einem noblen Vorort von Kapstadt, checken wir in einem Bed&Breakfast ein. Tim lässt uns gerade genügend Zeit, um das Gepäck im Zimmer zu deponieren, dann sitzen wir schon wieder im Wagen. Um an den Strand zu fahren, der palmengesäumt, weiss-türkis und verlockend unter uns liegt.

Mit viel Glück finden wir in der Eile einen Parkplatz. Doch leider lässt sich unser anderes Gefährt, Max' Kinderwagen, nicht durch den Sand bewegen. Voller Neid schaue ich deshalb Lukas nach, wie er mit Tim ans Wasser verschwindet, während Max voll Interesse seine Füsse im Sand vergräbt und unter freudigem Glucksen wieder rauszieht.

Ich hätte nicht traurig sein müssen, denn schon nach wenigen Minuten sind die beiden wieder zurück. Tim hockt hinter dem Rücken seines Vaters versteckt, das Gesicht in dessen T-Shirt vergraben, und heult lautstark. „Puh, wir sind sandgestrahlt!", schüttelt sich Lukas und zwinkert heftig den Sand aus seinen Augen. „Der Wind bläst unten am Meer so stark, dass er uns die Sandkörner regelrecht ins Gesicht gepeitscht hat!"

Am nächsten Tag prüfen wir erst die Sicht auf den Tafelberg bevor wir uns dorthin auf den Weg machen. Häufig ist er von einer weissen Nebeldecke bedeckt, dem sogenannten Tischtuch, aber heute ist der Himmel strahlend blau.

Mit der Gondel gelangen wir bequem und nach nicht allzu langem Anstehen auf den Gipfel des Berges, eigentlich ein Hochplateau, mit einem ausgedehnten Netz an Wanderwegen, wovon einige sogar geteert und damit kinderwagentauglich sind.

Was für ein Ausblick! Ich werde sofort Clubmitglied. Im Club der Kapstadt-Fans. Denn die Gegend ist einfach atemberaubend schön! Das strahlend blaue Meer, die weissen Strände, die Hügel und Felsspitzen, die Stadt, die sich an den Tafelberg schmiegt... Ganz grosses WOW!

Es ist nicht schwierig zu erkennen, dass dies eine Touristen-Destination ist: Japaner knipsen sich gegenseitig vor dem Panorama ab, Inderinnen im Sari verteilen Samoosas an ihren Nachwuchs, Österreicher studieren eine Karte und weisen sich gegenseitig mit „Na, dös passt ma goa net" zurecht, und eine Kanadierin mit dem Landeswappen auf ihrem Rucksack (das machen die ja immer, damit sie nicht mit Amerikanern verwechselt werden – aber es macht durchaus Sinn, ich hätte hier sonst sicher geschrieben, sie sei Amerikanerin) findet alles *„really nice"*.

Ich muss zugeben, dass auch ich einem heftigen Anfall von Fotografie-Sucht nachgeben muss. Es ist alles so malerisch! Die Küste, die Stadt, und die ausgewaschenen Felsen mit den hübschen Pflanzen, die sich überall Nischen mit ein wenig Erde gesucht haben und sich wie frisch gewaschen im Wind wiegen!

Und nach ein bisschen Spazieren finden wir das ultimative Foto-Objekt: Die Klippschliefer, eine Art grosse, braune Meerschweinchen, die ganz offensichtlich hier oben wohnen, denn ihr Leben wäre wohl kaum lang genug, um auf diesen winzigen Pfötchen den Tafelberg zu erklimmen. Die meisten schnuppern ein bisschen in der Gegend rum und gucken so niedlich, dass sie von den Touristen mit allerlei Häppchen gefüttert werden. Aber eins muss sich offenbar sein Futter verdienen, ganz sicher ist es vom lokalen Fremdenverkehrsbüro angestellt: Es hat sich provozierend prekär am äussersten Ende eines Felsens vor dem Abgrund niedergelassen, wo es gemütlich abwechselnd auf die tief unter ihm liegende Stadt und auf die staunenden Besucher blinzelt, die unter lautem „ah" und „oh" die Fotoapparate klicken lassen, was die Motoren hergeben. Ich auch, gebe ich ja zu; aber nur, bis Lukas gerade noch mit einem Hechtsprung Tim erwischen kann, der sich unter leisem Gurren an den Klippschliefer ranmachen und ihn offenbar als Haustier adoptieren wollte.

Eben noch spazieren wir hinter unseren Jungs her, die auf der Suche nach weiteren Klippschliefern hinter jeden Busch und Felsbrocken gucken, als es um uns herum plötzlich weiss wird. Nicht Schnee, natürlich, aber Nebel setzt unserem Ausflug ein Ende.

Zum Glück sind wir dank unseren beiden Kleinkindern nicht allzu weit auf dem Tafelberg gewandert, so dass wir die Gondelstation schon nach kurzer Zeit wieder erreichen und mit ihr zurück in die Sonne gondeln können. Unglaublich, wie rasch das Wetter auf dem Tafelberg wechseln kann! Vor wenigen Minuten noch sonnig und freundlich, hat sich nun das „Tischtuch" auf dem Berg breit gemacht. Der Nebel sieht aus, als würde er vom Tafelberg herunterfliessen - ein wirklich einmaliger Anblick.

Wie auch die Frisur meines Göttergatten, über die ich ein bisschen kichern muss: Dank dem „Nebelbad" sieht er aus wie ein Sechsjähriger, der mit einer Tube Gel versucht hat, einen Hip-Hopper-Look auf seinem Haupt zu kreieren.

Am späteren Nachmittag versuchen wir nochmals eine Annäherung ans Meer, es scheint windstill zu sein. Ja, ist es. Aber zum Baden schaffen wir es doch nicht, denn beim Eintauchen meines ersten Zehs muss ich laut nach Luft japsen: Es ist kalt. Saukalt! Etwa die gleiche Temperatur wie ein Gletscherbach in einem Schweizer Gebirgstal. Wo die Füsse nach einer Minute taub werden.

Deshalb fühle ich ein bisschen Mitleid mit einem Fotomodell, das wir am Ende des Strandes bei den Felsen beobachten. Sie ist mitten in einem Foto-Shooting und muss so tun, als geniesse sie Sonne und Meer. Auf dem Bild ist nicht zu erkennen, dass praktisch noch Eisbrocken im Meer schwimmen, es sieht aus wie in der Karibik. Ich habe schon davon gehört, dass viele Modeaufnahmen in Kapstadt gemacht werden, weil es von Europa aus leicht zu erreichen ist, eine wunderschöne, vielseitige Landschaft und eine fantastische Infrastruktur bietet, und sogar die Lichtverhältnisse besonders geeignet sind. Nun gut, jetzt wissen wir Normalsterblichen, dass sogar die Models bei ihrer glamourösen Arbeit leiden müssen.

Die einzigen, die sich ganz offensichtlich pudelwohl im eisigen Wasser fühlen, sind die Pinguine, die wir am nächsten Tag bei Simon's Town besuchen. Ach, sind die putzig! Aber wie sie und ihre Nester riechen... So machen wir uns bald wieder auf ins Auto, um ans Kap der Guten Hoffnung zu fahren. Man könnte eigentlich noch an einem oder zwei Stränden zwischen den Pinguinen baden, aber auf dieses Vergnügen verzichten wir. Wegen eisiger Kälte und tierischem Gestank.

Im Nationalpark am Kap haben wir noch das Glück, Paviane, Zebras und Strausse zu sehen.

Dann bestaunen wir das Kap der Guten Hoffnung selber von hoch oben beim Leuchtturm und schauen einem Paar Delfine zu, das tief unter uns seine Bahnen im Meer zieht.

Schon sind unsere Jungs wieder müde, vor allem Max ist quengelig. Zum Glück haben wir das vorausgesehen und ein Picknick eingepackt, das wir an einem der Picknickorte im Naturreservat am Meer einnehmen werden.

Wir essen, klettern ein bisschen zwischen den muschelbedeckten Felsen herum, entdecken leider keine Delfine mehr, packen zusammen und freuen uns schon auf die Heimfahrt, die uns der Küste entlang wieder nach Camps Bay führen wird und besonders malerisch sein soll. Nur etwas stört uns, als wir wieder auf der Strasse sind: Hinter uns ist ein penetrant lichthupender und schliesslich sogar hupender Geselle im Auto. Endlich wird die Strasse breit genug, dass Lukas anhalten und ihn überholen lassen kann. Das will er aber gar nicht; er lässt die Fensterscheibe runter und fragt uns, ob das unser Kinderwagen sei, der einen Kilometer weiter unten auf der Strasse liege? Er frage nur so weil unser Kofferraum offen stehe...

Am nächsten Tag nehmen wir ein Risiko auf uns. Wir fahren nach Hermanus, das von sich behauptet, der beste Walbeobachtungsort in der Welt zu sein. Die Südlichen Glattwale kommen zwischen Juni und November in diese Gegend, um zu kalben, und sind dann von der Küste aus leicht zu beobachten.

Das Städtchen Hermanus beschäftigt sogar den weltweit einzigen *whale crier*, einen Herrn, der laut verkündet, wenn vom Küstenort aus Wale gesehen werden können. Eigentlich sind wir Walbeobachtungen zu spät. Gemäss dem Baedeker Reiseführer tummeln sich die Wale nur bis Ende November bei Hermanus. Aber vielleicht haben sie ja noch nicht bemerkt, dass der Dezember schon angebrochen ist?

Unsere Risikobereitschaft zahlt sich aus: Als wir im alten Hafen von Hermanus parkieren, hören wir schon von weitem das Tröten des *whale criers* und sehen ihn mit seinem auffälligen Hut, wie er in Richtung Meer gestikuliert. Tatsächlich: Da wir uns beeilen, können wir gerade noch eine Walmutter und ihr Baby beobachten, wie sie eine kleine Halbinsel umrunden und dann ins offene Meer davonziehen.

Wer nach Kapstadt kommt, darf auf der Postkarte an seine Freunde wohl nichts von der hiesigen Tierwelt schreiben, sonst begreifen diese die Welt nicht mehr. Ich kann mir die Szene am Frühstückstisch schon vorstellen: „Hör Dir das mal an, Werner, die Judith schreibt was von Pinguinen, Walfischen und - nie gehört - Klippschliefern? Sind die am Südpol? Ich dachte, die fahren nach Afrika in den Urlaub?“

Dann gilt es schon, Abschied zu nehmen vom Meer, denn die letzten beiden Ferientage verbringen wir im Weingebiet um Kapstadt. Südafrika hat sich zum Weinhersteller erster Güte gemausert, nachdem ja die Anfänge unter den ersten holländischen Siedlern vor mehr als 300 Jahren nicht sehr vielversprechend waren, und exportiert seine Weine in alle Welt. Die Reben wachsen in der Kapregion, weil es dort für ihr Gedeihen ideale Bedingungen gibt: Warme Tage, kühlere Nächte, einen kurzen Winter und genügend Feuchtigkeit.

Die sonnigen Tage möchte ich nicht im Weinkeller verbringen, aber Lukas hat mir versichert, dass auch die einmalige Landschaft der Weingebiete und die altehrwürdigen Weingüter einen Besuch lohnen. Er sollte es wissen, denn zur Vorbereitung der Reise hat er eingehend den bekannten John Platter Führer über die südafrikanischen Weine studiert.

Den ersten Halt auf unserer Weintour machen wir auf einem Weingut in der Nähe von Stellenbosch. Es heisst Spier und Lukas hat es ausgewählt, weil es ein speziell kinderfreundlicher Ort ist. Was sich, alles in allem, als ein bisschen rummelmässig herausstellt. Das Weingut verfügt über einen riesigen Parkplatz, auf dem schon mehrere Reisebusse stehen. Die ganze Anlage ist sehr weitflächig. Zuerst besuchen wir den hauseigenen kleinen Zoo mit den Geparden, dann jagt Max auf seinen kurzen pummeligen Beinchen den Enten nach im ausgedehnten Park mit Teich, im Restaurant setzen wir uns in einer Art Baumhaus zu Tisch, und schliesslich runden wir den Besuch ab mit einem Spaziergang durch die Gärten, der länger dauert als geplant, weil wir während langer Zeit fasziniert ein Chamäleon an einem Baumstamm beobachten, das einfach nichts tut. Von der Weinherstellung oder sogar vom fertigen Produkt haben wir nicht viel mitbekommen, wir waren mit anderem beschäftigt.

Bei der Weiterfahrt an Paarl vorbei nach Franschhoek eröffnen sich uns aber immer wieder wunderschöne Ausblicke auf Rebenhänge vor Felswänden und die typisch kap-holländischen weissen Herrenhäuser mit den geschwungenen Giebeln und den Reetdächern.

Bevor wir uns in unserer Bed&Breakfast-Pension einfinden, kurvt Lukas in die schattige Allee des Weingutes Backsberg, damit wir dort ein frühes Nachtessen einnehmen können. Im Restaurant bekommen wir einen Tisch auf dem grünen Rasen zugewiesen und Tim und Max finden den Weg zum Kinderspielplatz um die Ecke, wo sie sich glücklich vergnügen. Das Essen und die Atmosphäre sind so traumhaft, dass Lukas und ich uns wie die Besitzer des Weingutes fühlen: Zu unserer Linken das elegante weisse Herrschaftshaus, dessen Türe von leuchtend rosa Bougainvilleas bewachsen ist, zu unserer Rechten der formelle Garten, von dem uns ein leichter Rosenduft erreicht, und vor uns auf dem Tisch die einzelnen Gänge eines fein gekochten Menüs, das von einer Pavlova mit Erdbeeren gekrönt wird. Die wussten schon zu leben, die alten Südafrikaner der ersten Stunde!

Am nächsten Morgen machen wir einen Spaziergang durch Franschhoek, das in einem Talkessel gelegen und durch die umliegenden Berge geschützt ist. Franschhoek heisst der Franzosen-Winkel oder die Franzosen-Ecke. Das kommt daher, dass sich viele Hugenotten hier niederliessen, nachdem sie wegen ihres reformierten Glaubens im 17. Jahrhundert ihr Heimatland Frankreich verlassen mussten. Ihnen verdankt Südafrika die lange Tradition guter Weingewinnung, und deshalb gebührt ihnen wohl auch das unübersehbare Hugenotten Monument.

Franschhoek selber ist ein nettes Städtchen, in dem wie in Europa flaniert werden kann, was wir natürlich besonders schätzen. In Johannesburg vermissen wir das manchmal.

Am frühen Nachmittag, als es politisch schon wieder beinahe erlaubt ist, Alkohol zu trinken, besuchen wir das berühmte Weingut Boschendal. Während ich mit den Kindern die jahrhundertealten Bäume bestaune, die einen Durchmesser von mehreren Metern haben, folgt Lukas einer Kellertour.

Danach lassen wir uns an einem Tischchen im lichten Schatten der ahornartigen Bäume nieder und testen uns durch eine Batterie von Weingläsern mit verschieden farbigem Inhalt. Alles ist so hübsch und gut organisiert, dass sogar mir das Weintesten Spass macht. Insbesondere, weil sich unsere Jungs recht anständig aufführen und ich nicht dauernd aufspringen muss. Dass sie beide ein bisschen nass und zerzaust sind, weil sie sich mit grossem Einsatz im Goldfisch-Fangen versucht haben, das ist bei diesem sommerlichen Wetter wirklich kein Problem.

Auf dem Rückflug nach Johannesburg, gesättigt von tollem Essen, feinen Weinen und Bildern von fantastischen Landschaften, freuen wir uns einmal mehr darüber, dass wir in Südafrika leben. Nicht unbedingt nur wegen der kurzen Flugzeit, sondern vor allem weil wir uns die verkosteten Weine problemlos in Johannesburg beschaffen können und sie nicht mit uns schleppen müssen.

16

Schon seit November werden wir beim Einkaufen mit Weihnachtsmusik beschallt, die *shopping malls* sind mit Weihnachtsgirlanden geschmückt, und in unserem Supermarkt mit seinem internationalen Sortiment türmen sich englische Weihnachtspuddings, Panettone und Packungen mit deutschen Lebkuchen-Keksen. Irgendwie, also irgendwie... komme ich einfach doch nicht in Weihnachtsstimmung. Der strahlende Sonnenschein, die sommerliche Hitze, tägliches Planschen im Pool, spektakuläre glutrote Sonnenuntergänge und dazu Stechpalmenkränze und Weihnachtsbeleuchtungen? Für mich passt es nicht zusammen.

Aber da müssen wir durch. Es ist Zeit, dass wir uns über unser eigenes Weihnachtsfest Gedanken machen.

In der Schweiz hatten wir jeweils keinen Christbaum, weil wir zu Weihnachten die Schwiegereltern besuchten und fanden, dass sich der Aufwand für die wenigen restlichen Tage nicht lohne. So haben wir zwar diverse Weihnachtsdekorationen für das Hausinnere, aber keinen Baumschmuck. Und einen Baum natürlich auch nicht.

Ich beginne mit letzterem und schnappe mir den zweitletzten Christbaum, den Woolworths in der Fourways Mall noch anzubieten hat. Oops, die Südafrikaner haben sich wahrscheinlich schon im November eingedeckt, und ich muss mich jetzt sputen, damit ich überhaupt noch was für Weihnachten ergattern kann!

Aber die meisten Weihnachtsdekorationen gefallen mir überhaupt nicht – für meinen Geschmack sind sie recht kitschig. Viel Gold und Glitter, nicht ganz mein Stil. Lebkuchen-Herzen und -Sterne könnte ich ja backen und an den Christbaum hängen, denke ich. Das finde ich sehr hübsch. Zum Glück fällt mir noch rechtzeitig ein, dass wir den Christbaum auf der Terrasse aufstellen wollen, wo wir im Sommer am meisten Zeit verbringen. Mungos, Vögel, Ameisen und anderes Getier wären sicher entzückt über meine weihnachtliche Futter-Lieferung... vielleicht also keine gute Idee.

Ebenso wenig wie Wachskerzen, die sich in der Hitze biegen, wie ich schon festgestellt habe. Seekranke Kerzen am Christbaum? Nein danke, dann lieber eine elektrische Beleuchtung.

Schliesslich werde ich in einem Geschäft mit Holzprodukten aus Bali fündig. Die verkaufen moderne kleine Holzengel und hölzerne Rentiere mit Flügeln. Dazu ein paar Engelchen aus Perlenschmuck, wahrscheinlich vom südafrikanischen Ndebele-Stamm hergestellt, und ein bisschen was aus meinem Fundus, und die Baumdekoration ist gelöst.

Dann wäre da das Menü. *Fondue Chinoise*, das wir in den letzten Jahren zu Weihnachten assen, ist für Lukas ein Wintermenü. Passt nicht zur Jahreszeit. Truthahn, wie die Südafrikaner? Nee, passt nicht zu uns. Ausserdem brauchen wir ein Gericht, für das wir nicht stundenlang in der Küche schwitzen müssen. Schliesslich einigen wir uns auf Hähnchen-Filets im Blätterteig mit verschiedenen Joghurt-Saucen und Salat, und zum Dessert Lebkuchen-Parfait. Eine an die Jahreszeit angepasste kleine Erinnerung an ein „richtiges" Weihnachten, und man kann alles vorbereiten.

Auch für die Musik finde ich eine Lösung: Weil traditionelle Weihnachtslieder irgendwie nach Winter tönen, kaufe ich eine CD von Boney M. Ihre Interpretation der Weihnachtsklassiker erinnert viel mehr an Sonne und Lounge-Bars am Pool.

Im Gegensatz zu Ilze bereiten mir die Weihnachtsgeschenke kein Kopfzerbrechen. In der Familie, zumindest unter den Erwachsenen, schenken wir uns schon länger nur kleine Geschenke zu Weihnachten. Die habe ich bequem per Internet bestellt und direkt an die Beschenkten liefern lassen. Mit meinen Freundinnen hier gedenke ich keine Geschenke auszutauschen, und die Präsente für die Kinder hat Lukas schon im November mitgebracht, als er geschäftlich in die Schweiz musste. Die Grosseltern und Tanten und Paten haben ihn wie einen Lastesel - oder wie den Nikolaus? - bepackt wieder auf die Reise geschickt.

Denn leider kann man keine Pakete per Post verschicken, die südafrikanische Post ist notorisch unzuverlässig. Unsere Resultate bis heute: ein Paket angekommen; zwei Pakete verschwunden; ein (per Einschreiben geschicktes) Paket erst geliefert, als wir im Postbüro nachgefragt haben, und dann war es nur noch halb voll. In den „Madam & Eve“ Comic-Büchern gibt es auch einige Geschichten über die Postangestellten, die sich gegenseitig zu Weihnachten grosszügig beschenken mit Päckchen, die für jemand anderen bestimmt sind. Weihnachtsgeschenke für Bedürftige verteile ich aber lieber an Menschen, die sie sich nicht einfach stehlen.

Da sich der Weihnachtsstress in Grenzen hält, haben wir Zeit, den Sommer zu geniessen. Am Wochenende werden wir oft eingeladen oder laden selber Freunde zum Mittagessen ein. In der Schweiz haben wir unsere Freunde jeweils eher zum (allenfalls frühen) Nachtessen gebeten, aber hier passt der Mittag besser. Das hat ein paar gute Gründe: Erstens kann so auf der Terrasse gegessen und gelümmelt werden. Zweitens können die Kinder im Pool baden und im Garten spielen. Und drittens fährt hier niemand gerne im Dunkeln Auto, vor allem nicht spätabends - wegen fehlender Strassenbeleuchtung ist es an vielen Orten stockdunkel, da sieht man allfällige herumstreunende Ziegen und Wild nicht, und zudem treiben sich auch Ganoven auf den Strassen herum.

Diese Sonntage sind dann sehr gemütlich: Dank der Polstergruppe und dem Esstisch auf der Terrasse und der verlässlichen Sonne können wir mehr Gäste einladen als in der Schweiz, wo man immer mit unbeständigem Wetter rechnen muss und dann im Haus Platzangst bekommt, wenn die Kinderschar im Übermut die Einrichtung zu zertrümmern droht. Hier können die Kinder einen ganzen Nachmittag damit verbringen, im Wechsel in den Pool zu springen, ein weiteres Eis zu essen und sich ein bisschen mit einem Ball zu beschäftigen. Das braucht nur minimale Assistenz der Mütter, die von Zeit zu Zeit ein Handtuch, trockene Kleider, ein Eis, Badehosen und Schwimmflügel oder auch mal ein Pflaster reichen müssen. Derweil stehen die Väter in Bermudas und T-Shirts mit einem Bier um den Grill versammelt, wippen ein wenig auf den Fussballen und besprechen, was Männer halt so besprechen.

Zum Glück sind Lee-Ann und Sonia gerade bei mir zu Besuch, als es zwei Wochen vor Weihnachten an meiner Türe klingelt. Ich öffne und werde mit einem gesungenen „*Hello*!" nebst strahlendem Lächeln begrüsst. Von einem Müllmann. Der dann das Kunststück vollbringt, immer noch von Ohr zu Ohr zu lächeln und gleichzeitig nach einem *christmas bonus*, einem Weihnachtbonus, zu fragen. Völlig perplex, stammle ich „nur eine Sekunde, bitte", schliesse die Tür und wende mich an Lee-Ann, zweifellos mit einem grossen Fragezeichen im Gesicht.

„50 Rand", meint sie. Rund 10 Rand pro Müllmann, das sei so die gängige Rate. Obwohl man eigentlich nicht müsse. Nachdem ich meine Pflicht erfüllt und meine Dankbarkeit gegenüber den Müllmännern ausgedrückt habe, muss ich doch immer noch ein bisschen lächeln. Weihnachtsgeschenke sogar an die Müllmänner, wer hätte das gedacht.

Als es in der nächsten Woche klingelt und ich draussen das Gebrumm des Müllfahrzeugs höre, rufe ich Beauty hektisch zu, dass sie nur ja nicht die Türe öffnen solle. Ich fürchte, dass sie mich nochmals anpumpen wollen. Erst später geht mir auf, dass dies das falsche Vorgehen ist: So sieht es aus, als wollte ich nichts spenden, und vielleicht wird mein Müll dann nicht mehr mitgenommen, die Mülltonne schlecht behandelt oder ähnliches. Bei den nächsten Gelegenheiten, denn der Spuk dauert noch bis Ende Januar, werde ich die Türe öffnen und freundlich sagen, dass ich meinen Beitrag schon geleistet habe. Viel bessere Strategie.

„Guten Tag, *Mister* Frei, mein Name ist Vusi, ich rufe Sie an im Namen von Nedbank. Ich wollte nur noch rasch rückbestätigen, dass Sie 10'000 Rand mit ihrer Kreditkarte von einem Automaten abheben möchten. Dies ist eine ungewöhnliche Transaktion für Sie, aber es ist doch in Ordnung so?"

„Wie bitte? 10'000 Rand vom Automaten abheben? Nein - nein, das will ich nicht!"

„Oh... Dann haben wir ein Problem, *Sir*."

Als verfrühtes Weihnachtsgeschenk ruft unsere Bank Lukas auf dem Mobiltelefon an. Es hat sich herausgestellt, dass jemand in oder um Kapstadt seine Kreditkarte kopiert und während ein paar Tagen benützt hat. Jetzt versucht der Gauner also, sich als krönenden Abschluss seiner Diebestour noch rasch einen grösseren Bargeldbetrag zu sichern. Zum Glück ist er dabei zu weit gegangen und das Überwachungssystem der Bank hat sich eingeschaltet. Der Dieb ist natürlich über alle Berge, ein beträchtliches Loch in unserem Bankguthaben und uns in beträchtlicher Aufregung hinterlassend.

In der Bankfiliale wird Lukas versichert, dass uns das gestohlene Geld von der Bank rückvergütet wird. Unser Fall sei überhaupt nichts Aussergewöhnliches in Südafrika, das geschehe jeden Tag mehrere Male.

Der Filialleiter schnalzt mit der Zunge und erklärt Lukas, dass die Diebe nur die Daten auf dem elektronischen Streifen seiner Kreditkarte kopiert hätten. So hätten sie Ausgaben mit einer anderen Karte, aber auf Lukas' Rechnung getätigt. Die Gauner wüssten genau, dass sie die gestohlenen Daten nur während ein paar Tagen benützen könnten, bevor es zu heiss wird. Der Bankangestellte rät uns, unsere Kreditkarten nie aus den Augen zu lassen. Insbesondere in den Restaurants müssten die Kellner das mobile Gerät zur Erfassung der Kreditkarte an den Tisch bringe, nie dürften sie die Karte mitnehmen.

Nun muss Lukas einfach seine Kreditkarte vernichten und warten, bis die Bank eine neue ausgestellt hat. Da uns der fehlende Betrag ja rückvergütet wird, bleibt uns also nur ein bisschen administrativer Aufwand. Wir sind beide hocherfreut über so viel Kulanz und Kundenfreundlichkeit der Bank. Doch schlagartig wird uns klar, warum sich die Bank so grosszügig zeigen kann: Diese Rückvergütung haben wir bereits im Voraus in Form von Bankgebühren bezahlt. Die sind in Südafrika nämlich exorbitant hoch!

Mir ist schleierhaft warum die Banken nichts gegen den Missbrauch von Kreditkarten unternehmen. Wie jedem Kunden hier im Lande auffällt, wird die Unterschrift auf der Kreditkarte nie mit der Unterschrift auf dem Beleg verglichen. Das öffnet dem Kreditkartenbetrug Tür und Tor! Und die Banken hätten es in der Hand, die korrekte Praxis für Kreditkartengeschäfte einzuführen, die andernorts gilt. Sie müssten nur die Bezahlung von Belegen zurückweisen, die nicht dieselbe Unterschrift tragen wie die vom Kreditkarteninhaber hinterlegte. Sobald die einzelnen Geschäfte dafür zur Verantwortung gezogen würden, wäre diese unselige Praxis mit Sicherheit rasch vorbei.

Unter den Müttern wurde noch vor Ferienanfang in der Krippe eifrig diskutiert, dass die Kriminalität gerade in der Vorweihnachtszeit einen traurigen Höhepunkt erreicht. Eine Französin erzählte mir, wie sie von ihrer südafrikanischen Freundin gewarnt worden sei, man solle vor Weihnachten besser nicht am späteren Nachmittag einkaufen gehen. Und besser nicht in Geschäften, in denen viel mit Bargeld bezahlt wird. Überfälle auf Supermärkte und andere Läden sind offenbar an der Tagesordnung, und die Täter wählen sich bewusst ein Geschäft und eine Tageszeit, von der sie sich erhoffen, dass sie möglichst viele

Geldscheine erbeuten. Ich weiss nicht, ob das wieder eine der Schreckensgeschichten rund um Johannesburg ist, aber es tönt plausibel. Um mich an den Tipp zu halten, brauche ich meine Gewohnheiten aber nicht stark einzuschränken: Wegen dem starken Verkehrsaufkommen um den Feierabend bin ich spätestens um 16 Uhr sowieso wieder auf dem Heimweg von meinen Einkäufen.

Unser Weihnachtsfest am Heiligabend ist ein bisschen wie erwartet: Kein „richtiges" Weihnachten, aber doch eine schöne Feier. Und Tim und Max zeigen sich in keiner Weise davon beeinträchtigt, dass der Christbaum auf der Terrasse am Pool steht. Solange nur das Christkind ein paar Geschenke unter den Baum gelegt hat.

Im südafrikanischen Sommer bin ich zur Frühaufsteherin geworden, denn schon kurz nach fünf Uhr scheint die Sonne. So früh am Morgen ist der Golfplatz noch ruhig und leer und somit ideal für einen Morgenspaziergang, während meine Familie noch schläft.

Als ich mich zwei Tage nach Weihnachten auf den Weg mache, beginnt mein Spaziergang mit einer gewagten Kombination aus Hoch- und Weitsprung. Vor Schreck, weil vor unserer Haustür etwas liegt. Ein, ein... eine circa 10 Zentimeter lange Kakerlake. Oder meinetwegen, bei genauerem Hinsehen, wenn auch mit Sicherheitsabstand, eine Mischung aus Grille und Kakerlake. Aber eben monströs. Grotesk. Ekelerregend.

Wird hier irgendwo ein Alien-Film gedreht und das genetisch manipulierte, sprich vergrösserte Tier hat Reissaus genommen? Mein Gehirn ist zu dieser frühen Stunde mit der Situation total überfordert, nur die Instinkte sind wach, und die sagen: Töten. Dieses Ding darf auf keinen Fall ins Haus.

Nur dass ich richtig verstanden werde: Ich liebe Tiere. Spinnen fange ich im Haus jeweils ein und transportiere sie nach draussen statt sie zu erledigen. Für Fliegen öffne ich die Fenster und wedle mit einer Zeitung. Aber das hier? Vor Ekel regelrecht geschüttelt schliesse ich die Augen und trete ich auf die Kakerlake. Und wieder einen Schritt zurück. Und die springt mir nach! Die lebt noch! Definitiv genmutiert. Wie eine Schlange fange ich das Ding schliesslich mit Besen und Plastiksack, zur nachträglichen Beseitigung durch Lukas. Das ist das Äusserste was mein Magen mitmacht.

Petra klärt mich später auf: Bei dieser Grille handelt es sich um eine *Parktown Prawn.* Während ich an Kakerlake dachte, fühlen sich die Südafrikaner offenbar an eine Garnele erinnert, denn das bedeutet *prawn.*

Die Tiere sind nicht beliebt, aus offensichtlichen Gründen, aber ihre Beseitigung ist problematisch: Petra schwört jedenfalls Stein auf Bein, dass sie schon mal gehört hat, wie jemand eine *Parktown Prawn* mit der Bratpfanne erschlagen wollte. Worauf die Grille fröhlich davon sprang, während sich ihr Umriss als Delle in die Bratpfanne eingedrückt hatte. Sollte es einmal zu einem Atomkrieg kommen, dann wissen wir jetzt, welche Spezie als einzige überleben würde...

Das Silvester-Wochenende feiern wir auf eine Art und Weise, wie man sie nur in Afrika kann: Wir fahren in den Busch. Mit unseren Schweizer Freunden von KehlTech haben wir eine ganze Lodge in einem kleinen privaten Reservat gemietet, weil wir mit den Kindern fast 20 Personen zählen.

Von Dainfern aus fahren wir über Brits in die Richtung von Thabazimbi, um dann nach links abzubiegen nach Northham. Etwas später überqueren wir den Fluss Bier, nehmen aber keine Wasserprobe um festzustellen, ob er aus Hopfen und Malz besteht. Jeder zweite Fluss hier scheint Crocodile River zu heissen - Bier als Name ist eine nette Abwechslung. Weiter geht es in Richtung Mokgalwaneng und Dwaalboom, nun auf Sandstrassen.

Es ist sehr flach, sehr heiss und sehr einsam in dieser Gegend. Zweimal spaziert jemand auf der Strasse, und einmal überholen wir einen Fahrradfahrer. Die müssen sich bestimmt eine Pause gönnen, bis sich die von unserem Auto aufgewirbelte Staubwolke wieder gesetzt hat. Irgendwo durchqueren wir ein Dorf ohne Namen, ein richtiges Kaff mit wenigen kleinen Backstein-Häuschen, wo die Sandstrasse durch ein Kopfsteinpflaster ersetzt wird. Die Arbeiten sind noch im Gange, Hämmer und Steine liegen am Strassenrand, nur rund 100 Meter sind soweit fertig gestellt. Wir können uns die Sache nicht erklären; vielleicht hat Lukas recht mit seiner Vermutung, dass dies eine von der Regierung bezahlte Aktion zur Arbeitsbeschaffung ist?

Unsere Lodge Elandskuil ist eine kleinere sogenannte *Game Farm*, also eine Farm, in der wilde Tiere in einer Buschlandschaft gehalten werden. Zwischen dem Eingangstor und dem Haupthaus passieren wir schon ein paar Zebras, was Tim und Max, die wegen der langen Fahrt allmählich unausstehlich sind, schlagartig in brave Jungs verwandelt.

Begrüsst werden wir von Piet, dem Besitzer. Piet ist die südafrikanische Version eines Bauern: Rund 50 Jahre alt, blond, rotbraun-gebranntes Gesicht mit etlichen geplatzten Äderchen, der Kopf ohne sichtbaren Hals praktisch direkt auf die breiten Schultern gesetzt, recht bulliger Oberkörper, dürre sehnige Beinchen, Finger so dick wie Bratwürste. Und das alles in einer Khaki-Uniform, bestehend aus einem Hemd mit dunklerer Schulterpartie und kurzen Hosen, unter denen Piet helle Kniesocken trägt, die so ähnlich wie Wandersocken unter dem Knie umgeschlagen sind.

Mein Akzent ist nicht zu überhören, wenn ich englisch spreche, doch Piet übertrumpft mich in der Beziehung um Welten: Sein Englisch hört sich genau an wie Afrikaans. Nur gut, dass Lukas konzentriert zuhört, denn ich hätte von Piets Anweisungen praktisch nichts verstanden.

Die Regeln in der Lodge sind einfach: Piet wird jeweils am Nachmittag mit einem offenen Geländefahrzeug einen Game Drive für unsere Gruppe machen. Ansonsten dürfen wir spazieren gehen oder mit unserem Auto in der Game Farm herumkurven. Die einzigen gefährlichen Tiere sind zwei Nashörner, von denen wir uns gefälligst fernzuhalten haben.

Und besser kommen wir auch dem amerikanischen Jäger nicht in die Quere, der jeweils zweimal pro Tag auf die Pirsch geht, und zwar stehend auf der Ladefläche eines *bakkies*, der von Piets Angestellten gefahren wird.

Jagen?! Hier wird gejagt? Die Tiere werden geschossen? Ich kann es kaum fassen. Wobei, so unwahrscheinlich ist das nicht, wie mir mein vernünftiger Mann auseinandersetzt; schliesslich ist dies nur eine kleine *Game Farm* draussen im Nirgendwo, wie soll die sonst Profit machen, abseits aller Touristenströme...

Nur zwei Stunden später versammelt sich unsere Gruppe in der Hauptlodge für den Game Drive. Neben Sonia, Petra, Lee-Ann und ihren Familien sind auch zwei Schweizer Elektriker von KehlTech mit von der Partie, Yvo und Roger, zwei Junggesellen.

Dies hier ist eine andere Erfahrung als der Game Drive in der Kambaku Safari Lodge im Krügerpark: Sonia und Alex haben eine Kühlbox voller Getränke und Essen mitgebracht, und kaum ist das Hauptgebäude ausser Sicht, als auch schon Anspruch darauf erhoben wird. So fahren wir schmatzend, lachend und schwatzend durch die Gegend, in einem Heidenkrach, der eigentlich jegliches Wild verscheuchen sollte. Erstaunlicherweise bekommen wir aber doch ein paar Gnus, hier *Wildebeest* genannt, Impala und sogar die beiden Nashörner zu Gesicht. Nur: Es herrscht nicht die gleiche magische Stimmung auf diesem Game Drive wie damals in Kambaku oder Madikwe Safari Lodge. Das ist mehr wie ein Klassenausflug. Soweit auch okay, denn es ist weder unser erster Game Drive noch wird es der letzte sein.

Piet führt uns auch am Schlachthaus der Game Farm vorbei, das vor allem durch den bestialischen Gestank auffällt, der ihm entströmt. Zum Glück haben wir schon gegessen!

Gerade wird ein totes Warzenschwein von einem *bakkie* abgeladen, und die Kinder wollen es unbedingt aus der Nähe betrachten. Der amerikanische Gast hat es heute Nachmittag geschossen. Tim muss sich sichtlich überwinden, doch er folgt den älteren Kindern zum Schlachthaus. Ich muss mir vorerst keine Sorgen machen, dass wir einen kleinen Jäger aufziehen, denn Tim steht klar auf der Seite des Tieres. In den nächsten Tagen wird er noch oft traurig den Kopf schütteln und mich fragen: „Das war ein armes Warzenschwein, gell, Mama?!“

Lee-Ann hat sich bei Piet ausbedungen, dass wir selber kochen und dafür das *boma* benützen können. Ihr Mann Theo stürzt sich mit Feuereifer auf die Aufgabe, in der kreisrunden Feuerstelle mit einem Durchmesser von 2 Metern einen Funken zu entzünden. Danach folgt ein kurzes Gerangel zwischen den Männern um den Besitz der Schaufel, mit der die hoch auflodernden Flammen zu einem Kochfeuer gebändigt werden sollen. Doch als wir Frauen ihnen offerieren, dass sie zusammen eine Bolognese-Sauce auf dem Feuer kochen dürfen, sind alle hochzufrieden. Lee-Ann richtet Salat an, die Männer stecken die Köpfe über den Bolognese-Zutaten zusammen, die Kinder beschäftigen sich irgendwie hinter der Bar, und wir Frauen sitzen am Feuer und trinken ein Glas kühlen Chardonnay. Nicht so schlecht!

Am nächsten Morgen müssen wir erst Frühstück machen, und weil die meisten von uns Schweizer sind, gibt es *Rösti,* die schweizerischen gebratenen Kartoffelschnipsel, auf dem Feuer. Nebst Würsten und Spiegeleiern.

Das Ganze entwickelt sich mehr und mehr zu einem richtigen Abenteuer-Wochenende für unsere erwachsenen Jungs, denn nach dem Frühstück fahren wir gleich los zu einem Game Drive mit Yvos altem Safari-Jeep.

Das ist eines dieser abenteuerlichen Fahrzeuge mit einem Luftschnorchel an der Kühlerhaube und einer Leiter am Heck, welche auf die männlichen Mitglieder unserer Expedition so verlockend wirkt, dass sich Alex und Lukas gleich auf das Dach schwingen. Und ihre Jungs gleich hintennach. Und, weil dies eh kein seriöser Ausflug wird und hier draussen keine Polizei patrouilliert, erlauben wir den älteren Kindern, dass sie sich auf die Kühlerhaube des Jeeps setzen, wie Tracker ohne Sitz. Äusserst ausgelassene und laute Tracker, aber was soll's. Ein paar Antilopen und drei Zebras kriegen wir doch zu Gesicht. Wildtiere sind eindeutig neugierig.

Kurz vor dem Mittagessen fährt der amerikanische Jäger ein, zurück von seiner morgendlichen Pirschfahrt. Unsere Kinder starren, und wir können ihnen keinen Vorwurf machen: Er steht als Indianer verkleidet auf der Ladefläche eines *bakkies,* komplett mit Federschmuck, Lendenschurz und Kriegsbemalung. Unter der er weisse Haut hat, notabene. Uff uff, das ist ein Mann, der auch seine ältesten Träume verwirklicht!

Zum Mittagessen laden wir Piet ein, der mit unverhohlenem Interesse zugeschaut hat, wie Roger ein Bündel von circa eineinhalb Meter langen Gabeln aus dem Auto ausgeladen hat. Sowie einen gusseisernen Topf, den man in Südafrika *Potjie* nennt und der in einer grösseren Version dafür benützt werden kann, Missionare zu kochen. Aber bei uns gibt es heute Käsefondue im dreibeinigen *Potjie* - die beste schweizerisch-südafrikanische Verbindung nach Roger Federer!

Bevor er sein erstes Brotstück in den geschmolzenen Käse taucht, betet Piet schnell still. Danach scheint er nicht nur das Käsefondue, sondern auch unsere Aufmerksamkeit zu geniessen und erzählt uns von seinem Leben. Wie fast jeder weisse Südafrikaner beginnt er seine Geschichte mit: „Meine Kindheit verbrachte ich auf unserer Familien-Farm in..." - in Piets Fall in der North-West Province in der Nähe von Wolmaransstad. Wenn man von Nähe überhaupt sprechen kann - denn vom Farmhaus aus muss man fast eine Stunde im Auto fahren, um überhaupt auf eine öffentliche Strasse zu gelangen. Mir scheint, die Ausmasse südafrikanischer Farmen würden den Fürsten von Liechtenstein vor Neid erblassen lassen. Piet jedenfalls erzählt voller Stolz, dass mindestens die Hälfte aller Kinder der Farmarbeiter nach seinen Eltern benannt sind, weil sie auf deren *bakkie* auf dem Weg zum Arzt zur Welt kamen. Laute kleine Hennies und Kobies irgendwo im *veld* in der Nähe von Wolmaransstad - ich grinse bei der Vorstellung.

Auch das Silvester-Mahl bringt wieder viel ungewohnte Arbeit mit sich. Diesmal kochen wir Risotto am Feuer und grillen Fleisch dazu, und zum Dessert veranstaltet Lukas einen Feuerzauber, der Fruchtstücke und eine ganze Flasche Brandy involviert und in sehr beschwipsten flambierten Früchten endet.

Petras Mann Heinz hat einen portablen DVD-Recorder und ein Projektionsgerät mitgebracht, und unsere Kinder fallen eines ums andere in den Schlaf vor dem Tierfilm, den sie sich anschauen dürfen – wie im Kino, aber in einem afrikanischen *boma,* unter dem Sternenhimmel.

Die Sterne werden die Disco-Beleuchtung für unsere anschliessende ausgelassene Tanz-Party, die weit über Mitternacht hinausdauert und das neue Jahr einleitet.

Ein neues Jahr in unserer neuen Heimat Südafrika. Wo es auch in Zukunft zu Engpässen in der Strom-, Wasser- und Benzinversorgung kommen wird. Wo wir uns nur in verschlossenen Autos fortbewegen und bestimmte Bereiche unserer Stadt meiden werden. Wo es immer wieder zu kleinen Missverständnissen zwischen den Einheimischen und uns Zuwanderern kommen wird. Wo uns Kraft, Toleranz und Flexibilität abverlangt wird.

Wo wir dafür ein Leben geniessen, das in vielem ähnlich ist wie das im Traumland Kalifornien: sonnige Tage, entspannte Menschen, gute Strassen und Telefonverbindungen, vielfältige Einkaufsmöglichkeiten, friedliches Zusammenleben zwischen Menschen aller Couleur.

Das alles aber in einem Rahmen, den nur Afrika bieten kann: mit atemberaubender Natur, einzigartiger Tierwelt, mitreissender Musik, Geschichten erzählendem Kunsthandwerk, herrschaftlichem Lebensstil mit Pool und Hausangestellten, und spektakulären Sonnenuntergängen.

Ich freue mich auf das neue Jahr.

Über die Autorin

Barbara Brühwiler ist eine international gefragte Buchautorin. Sie hat die seltene Gabe, mit ihren Büchern sowohl zu unterhalten als auch zu informieren. Ihre Bücher wurden von verschiedenen Verlagshäusern veröffentlicht und sind rund um den Globus erhältlich.

Nachdem sie Journalismus und Rechtswissenschaften studiert hatte, arbeitete Brühwiler im internationalen Dienst der Schweizer Regierung. Danach widmete sie sich für einige Jahre der Bekämpfung der Geldwäscherei.
Heute schreibt Barbara Brühwiler vor allem Bücher sowie ihre eigene Kolumne in einer Zeitschrift.

Seit mehr als fünf Jahren wohnt sie mit ihrem Mann und ihren Kindern in Johannesburg.

Nebst dem Lesen ist das Beobachten der afrikanischen Tiere eine weitere Leidenschaft von Barbara. Mit ihrer Familie benützt sie jede Gelegenheit um auf Safari zu fahren.

Barbara Brühwilers Bücher über Johannesburg

Nachdem Boerewors und Chardonnay: Ein Jahr in Südafrika ein Bestseller unter den Südafrika-Büchern wurde, schrieb Brühwiler ein weiteres Buch über und für Ausländer in Johannesburg:
The Expat-Living.info Guide to Johannesburg
ist ein praktisches Manual für Auswanderer, die sich in Johannesburg niederlassen wollen. Es ist voller Tipps und Tricks und listet alle nützlichen Kontakte auf, ebenso wie alle Stolpersteine, die sich dem unbedarften Einwanderer in den Weg stellen. Es hilft jedem Neuzuzüger, sich ohne Mühe schnell in Johannesburg zu Hause fühlen zu können. Mehr Informationen darüber finden sie auf
www.expat-living.info/johannesburg-expat-guide.

Barbara Brühwiler über
Boerewors und Chardonnay: Ein Jahr in Südafrika:

„Dieses Buch ist – Sie ahnen es – stark autobiographisch geprägt. Es entstand, nachdem ich in Johannesburg immer E-mails an meine Freunde in Europa schrieb (natürlich erst, nachdem Telkom meinen Internet-Anschluss endlich, endlich aktiviert hatte!) und mich dann eine Freundin anspornte, ein Buch über meine Erlebnisse zu schreiben.

Es ist das Buch, das ich vor unserer Abreise gerne gelesen hätte – und auch ein bisschen eine Liebeserklärung an ein wunderbares Land!"

www.ein-jahr-in-suedafrika.com

Weitere Bücher von Barbara Brühwiler

Barbara ist Autorin einer Reihe von Büchern, die Sie hier finden: www.BarbaraBruhwiler.com/Autorin

Mehr Lebensqualität und beruflichen Erfolg:
Mit ihren Büchern hilft sie anderen, dieses Ziel zu erreichen. Deshalb hat sie vor allem Sachbücher in ihrem Portfolio. Zum Beispiel:

Überzeugen:
Beeinflussen mit Soft Skills und sozialer Kompetenz

Wirkungsvoll kommunizieren und andere begeistern zu können ist eine wichtige Kunst.

Wir können noch so kompetent sein und gute Ideen haben: Schaffen wir es nicht, den anderen unsere Vorschläge schmackhaft machen können, dann wird nichts daraus.

Hier lernen Sie die erfolgreichsten Strategien, wie Sie andere Menschen für Sie und Ihre Anliegen gewinnen können.

In 8 einfachen Schritten
zum erfolgreichen Smalltalk:

Wie Sie nette Leute kennenlernen, Ihr Netzwerk ausbauen, Freunde finden, Selbstbewusstsein ausstrahlen.

Mit dieser bewährten Methode können Sie in nur 8 einfachen Schritten lernen, gelungenen und bereichernden Smalltalk zu meistern wie die Profis.

Erfolgreiche Gespräche führen zu können wird auch Ihr Leben verändern - starten Sie jetzt!

SMART Ziele setzen und erreichen:

Erfolg durch neue Gewohnheiten.

Wissenschaftlich erwiesen: Menschen, die Ziele setzen, leben gesünder, glücklicher und erst noch länger.

Mit der SMART Methode verwandeln Sie Ihre Wünsche in wohldefinierte Ziele. Dann machen Sie einen Plan, mit welchen Schritten Sie jedes Ihrer Ziele erreichen können, und setzen diesen Plan in die Tat um.

Ob im Beruf oder für Ihre privaten Wünsche und Träume: Lassen Sie sie Realität werden mit diesem erprobten und wirkungsvollen System.

Schluss mit E-Mail Stress!

Ein bewährtes Ordnungssystem zum Zeit sparen, Lebensqualität gewinnen und Burnout vorbeugen.

Die tägliche E-Mail Flut verursacht enorme Probleme: unsere Produktivität sinkt, ebenso wie unsere Konzentration; uns fehlt die Zeit um wichtige Ziele zu erreichen; wir erleben Stress und Frust; die Gefahr eines Burnouts oder Herzinfarkts steigt.

Die Lösung für das Problem?

Lernen Sie, Ihre E-Mails mit einem erprobten System schnell und effizient zu erledigen. Damit erreichen Sie Ihre Ziele, bereiten Ihrem täglichen Stress ein Ende und gewinnen endlich wieder Zeit für die wichtigen Dinge in Ihrem Leben.

Printed in Poland
by Amazon Fulfillment
Poland Sp. z o.o., Wrocław

32577328R00154

anomalies de la prise de sang sans qu'il soit évident de les rapporter à une maladie bien précise. Ayant vu agir plusieurs de ces spécialistes à Marseille et à Toulon, il devenait clair que c'était la spécialité qu'il me fallait : celle du Docteur Colombo qui, à partir d'un indice arrive à un diagnostic, pas celle des hémorroïdes et des vaginites. Mais ce n'était pas, et cela est toujours vrai, une spécialité noble. Donc en 1986, après avoir été reçu septième au concours d'internat (qui était à l'époque régional), je me suis fait siffler dans l'amphithéâtre de la Faculté de Médecine de Montpellier quand j'ai choisi la Médecine Interne comme spécialité. Les spécialités en vogue à l'époque étaient la cardiologie, la radiologie, la dermatologie, spécialités qui ont toujours un débouché lucratif en médecine privée si on ne veut pas, ou si on ne peut pas, exercer à l'hôpital public.

Les spécialistes d'organe étaient considérés comme « sachant tout sur rien » (on se moquait du chirurgien qui n'opérait que le premier orteil), et les spécialistes en Médecine Interne étaient considérés comme « sachant un peu de rien sur tout ».

Mon désir de ne pas me limiter à un seul organe ou à une seule maladie sera grandement modifié avec l'arrivée du SIDA (Syndrome d'Immunodéficience Acquise) et les premiers cas auxquels j'ai été confronté. Je ne savais pas encore à l'époque qu'en plus de spécialiste en Médecine Interne, j'allais devenir « sidénologue » (spécialiste dans la prise en charge des malades infectés par le Virus de l'Immunodéficience Humaine ou VIH), compétence toujours non reconnue à ce jour sous forme d'une sous spécialité…

Or, les premiers malades du SIDA que j'ai pu voir à Marseille en 1984 et 1985 m'ont tous frappé par un dénominateur commun : les soignants avaient peur d'eux et ne voulaient pas s'en occuper. En 1986 et 1987, alors interne à l'hôpital de Toulon et dans l'attente du résultat du concours d'internat, il me semblait de plus en plus évident que le spécialiste en Médecine Interne que j'allais devenir devait s'occuper de ce qui s'annonçait comme la plus grande pandémie de cette fin de XXème siècle, et ce fut le cas jusqu'à maintenant.

C'est donc cette expérience de 30 ans de lutte auprès des patients infectés par le VIH, mais aussi ma vision de l'évolution du système de santé et de notre société, que je veux partager avec vous au travers de ce livre.

Trente-cinq millions de personnes infectées par le VIH dans le monde

Un certain nombre de rappels biologiques et historiques me paraissent nécessaires pour appréhender les chapitres qui vont suivre. Si c'est une évidence pour vous : tant mieux, sinon replaçons les choses dans la réalité de l'époque.

En 1981 les « Centers for Disease Control » (ou CDC), l'organisme de surveillance des épidémies aux USA, font part d'un accroissement, sur la côte Est, d'usage de Pentamidine, un anti-parasitaire utilisé contre la pneumocystose, infection qui atteint uniquement des patients immuno-déprimés, quelle qu'en soit la cause (chimiothérapies anti-cancéreuses par exemple). Sur la côte Ouest des USA c'est plutôt l'accroissement du nombre de cas d'un cancer cutané et des muqueuses, appelé le sarcome de Kaposi, qui est observé. Ce cancer, qui se manifeste sous la forme de multiples lésions couleur lie de vin, avait été décrit dans des populations africaines en 1872. Mais là, on faisait face à une épidémie de cas chez des patients homosexuels, ce qui lui attribua l'appellation de « cancer gay ».

On se trouvait donc face à une épidémie d'infections ou de cancers touchant avant tout la population gay, du fait d'un probable trouble de l'immunité dont la cause restait inconnue. Durant les 2 années qui suivirent, certains affirmaient que c'était « le pouvoir immuno-suppresseur du sperme » qui avait causé ces complications, d'autres que c'était le cytomégalovirus (CMV), un virus auquel la majorité de la population est confrontée dans sa vie, peut causer un état de fatigue et de fragilité transitoire, mais guérit dans tous les cas, combattu par le système immunitaire.

C'était sans compter sur le travail de terrain des CDC qui se poursuivait et démontrait que, certes, la plupart des malades atteints aux USA étaient des homosexuels, mais qu'il y avait aussi des personnes ayant reçu des transfusions et des patients toxicomanes qui s'échangeaient leurs seringues. Il devenait donc évident qu'un agent infectieux transmissible alors inconnu en était sans doute la cause.

Les êtres vivants sont caractérisés par leur matériel génétique, ADN (acide désoxyribonucléique) et ARN (acide ribonucléique). En général, l'ADN donne naissance à l'ARN par l'action d'enzymes (on dit que l'ADN est transcrit en ARN) ce qui permet la synthèse